NOTICE

SUR

MATHIAS MAYOR,

SA VIE ET SES TRAVAUX.

LYON. — IMPRIMERIE DUMOULIN ET RONET,
Rue Saint-Côme, 6, au 1er étage.

NOTICE

SUR

MATHIAS MAYOR,

SA VIE ET SES TRAVAUX,

PAR

LE DR MUNARET,

Membre de plusieurs Académies et Sociétés savantes.

PARIS.

GERMER-BAILLIÈRE, LIBR.-ÉDITEUR,
Rue de l'École-de-Médecine 17.

LYON.

CHARLES SAVY JEUNE, LIBRAIRE,
Place Louis-le-Grand, 14.

1847.

A MONSIEUR

LE DOCTEUR CHARLES MAYOR.

MON CHER CONFRÈRE,

J'ai appris la mort de votre Père avec une profonde douleur ; — il fut, comme vous le savez, mon maître et mon ami.

En vérité, quand je me rappelle ce qu'il a osé, ce qu'il a fait et tout ce qu'il voulait faire pour le perfectionnement de son art, je ne sais ce qu'il faut le plus admirer de son esprit inventif et de sa sagacité, comme praticien, — ou de son courage, de son indépendance et de sa volonté inébranlable, comme réformateur.

Vie de labeur et d'inspiration! — Vie trop peu connue et incomprise, que son histoire fera connaître et comprendre.....

Mais cette histoire exigera la collaboration du temps et du talent; — du temps, pour éprouver ses découvertes et laisser germer les idées qu'il a semées, *largâ manu,* dans tous ses écrits; — du talent, pour apprécier les unes et les autres, et leur assigner le rang qu'elles devront définitivement occuper dans le domaine de la chirurgie moderne.

Faute de ces deux collaborateurs, je n'ai pu rédiger qu'une simple Notice, à la hâte et, comme l'on dit, à bâtons rompus; un médecin de campagne n'écrit pas quand il veut, mais quand il peut.

J'ai voulu, en y travaillant, payer à la mémoire de votre père le tribut de mon affection.

J'ai voulu fournir, à l'aide de ma volumineuse correspondance, quelques documents inédits et précieux qui pourront servir un jour à l'édification d'un monument plus digne de lui.

J'ai voulu prendre l'initiative de sa réhabilitation scientifique dans un pays qui passe, à bon droit, pour avoir les plus habiles et les plus jaloux chirurgiens du monde ; — les travaux de votre père sont moins connus en France que dans toute autre partie de l'Europe et même de l'Amérique.

Et en vous le dédiant, mon cher Confrère, j'ai voulu que la dernière production de ma plume, pâle fleur d'automne, fût pieusement déposée sur la tombe de Mathias Mayor par les mains aimées de son fils !

LE Dr MUNARET.

Brignais (banlieue de Lyon), 15 juin 1847.

MATHIAS MAYOR.

Militat spiritu, militat manu.

La chirurgie vient de perdre son réformateur : Mathias Mayor a quitté ce monde, où il a tant travaillé, pour se reposer dans un autre, que je lui souhaite meilleur..... Cette perte sera longtemps irréparable.

Il y a des contrastes biographiques qui se recommandent par leur actualité et leur enseignement ; ils se présentent, tout d'abord, comme prolégomènes de cette histoire ; à ce titre, on voudra bien me les permettre.

Mayor, comme Hufeland, est mort septuagénaire, ayant conservé jusqu'à la fin cette étonnante vigueur de corps et d'esprit, cette *insénescence* du professeur Lordat, qui permit à ces deux grandes célébrités contemporaines de se vouer, l'une à la chirurgie, l'autre à la médecine, pendant le même demi-siècle.

Hufeland a doté l'Allemagne, cette terre classique des

hypothèses, de la médecine expérimentale et rationnelle, après avoir lutté victorieusement contre les doctrines exclusives de Brown, de Broussais et de Hanhemann ; — Mayor, par sa longue et habile pratique, par ses nombreux écrits, par sa polémique incessante et courageuse, a perfectionné l'art chirurgical et, le premier, il a osé tenter de le populariser, en simplifiant la plupart de ses procédés et appareils.

Hufeland, avec le flambeau d'une sage expérience, a sauvegardé l'héritage d'Hippocrate de l'envahissement des systèmes modernes ; — Mayor a éperonné la routine, pour la faire sortir de ses profondes et boueuses ornières.

L'un fut un conservateur ; — l'autre se posa bravement en réformateur. Aussi, voyez la différence de ces deux destinées !

Le médecin allemand vécut tranquille, opulent, comblé d'honneurs ; — le chirurgien de Lausanne, qui aurait pu gagner des millions avec sa clientelle européenne, se contenta du nécessaire, pour se consacrer entièrement à la belle cause du progrès, et il a succombé sur la brèche, mettant la dernière main à deux Mémoires que son fils, conformément à ses volontés dernières, doit publier.

Le conservateur a dépensé, pour ainsi dire, la rente viagère que lui fit la gloire, — jour par jour ; — le réformateur, au contraire, méprisa le présent et ses distinctions éphémères, pour mériter une place dans l'histoire, à côté de Franco, de Fabrice, de Hilden et de Tissot, ses illustres compatriotes. Il s'était dit : *non totus moriar*, et il a tenu parole, en laissant après lui des perfectionnements déligatoires, des machines ingénieuses et des idées encore avec leurs gangues, qu'on n'appréciera à leur légitime valeur qu'après les avoir fait passer par le creuset de l'induction et de la pratique. — « La fortune des vérités est plus durable, mais beaucoup plus lente que celle des erreurs. » *(Réveillé-Parise.)*

On s'est beaucoup évertué sur le compte de Mayor, à Paris surtout : c'était, au dire de ses Aristarques, un visionnaire, un original, un excentrique, un *paysan du Danube,* ayant la manie de prendre le contre-pied de tout ce qui avait été fait avant lui, etc. — « La grande vanité de ceux qui n'imaginent pas, a dit Vauvenargues, est de se croire seuls judicieux. » Mayor entendit tout, rit de ses rieurs, et continua à marcher, suivant toujours et quand même la voie rectiligne, qui est celle de l'homme fort.

Il rencontra, chemin faisant, quelques contradicteurs, mais pas UN SEUL adversaire sérieux. — Des contradicteurs, je le comprends : la science n'a droit de prendre ce titre qu'après l'épreuve de la contradiction ; ce n'est pas un don, mais une conquête. — Combien de fois cet intrépide vieillard n'a-t-il pas jeté le gant, par l'entremise des journaux et dans ses écrits ! Il a offert, itérativement, de restituer une récompense assez ronde que lui avait décernée l'Institut de France, au chirurgien qui pourrait substituer un système de déligation, plus simple et plus commode que le sien. — Qui donc est entré en lice ? Personne.

Savez-vous ce qui empêcha cet homme de génie d'être apprécié, de son vivant, autant qu'il le méritait ? — Il y eut deux raisons pour une. — A une époque aussi frivole que la nôtre, on exige du savant le plus inculte et le plus austère, comme condition de succès, l'idiome des salons, de jolies manières et un habit bien porté ; — il faut absolument qu'il sache se présenter dans un monde qui ne le comprend pas, pour être agréé dans celui qui le comprendra. — Mayor n'était pas grimacier, encore moins courtisan ; il fut ce qu'on appelle *mal situé dans le monde.* — Être et paraître ne sont pas synonymes.

Champfort a dit fort sensément : « Pour qu'une idée neuve entre dans la circulation, il faut qu'elle passe sous le balancier de l'homme éloquent. » — L'écrivain suisse fut éloquent, mais à sa manière. — Tantôt il s'emporte et se permet des expressions mal sonnantes, comme son fougueux compatriote de Einsiedlen ; — tantôt il s'abandonne, avec un sans façon *sui generis,* aux mille et une fantaisies d'une humeur charmante et facétieuse, il va jusqu'à cultiver le calembourg, il quitte la thèse la plus sérieuse pour une historiette ; — il professe le traitement des fractures, et cause avec son lecteur ou de politique ou de religion.

Nous devons être indulgents pour l'originalité, elle est si rare aujourd'hui, parmi les écrivains. — Mayor, en sa qualité de réformateur, ne fut pas assez lettré, érudit, dialecticien : il écrivit de verve et par conviction, voilà tout et ce n'est pas assez. — J'ai regretté qu'il n'accordât pas à l'art d'écrire toute l'importance qu'il mérite ; cet art donne du prix à tous les autres, dit l'éloquent Pariset, et c'est surtout aux sciences qu'il est nécessaire ; car, si la science donne les idées, elle ne donne pas toujours l'ordre, qui en est l'âme et le lien tout ensemble.

Ordinairement, un esprit créateur ne s'assujettit pas à polir son œuvre ; il ne manque pas d'autres esprits, d'une hiérarchie inférieure, qui s'en chargent. — Ainsi, Bacon devina l'attraction et c'est Newton qui la démontra ; Mayor a deviné le moyen, l'unique et vrai moyen de perfectionner la chirurgie, par la simplicité et la mécanique appliquée, un autre le démontrera.

En attendant, je vais raconter ce que je sais de l'homme célèbre qui m'honora de son amitié et m'initia dans les secrets de son talent prime-sautier. — J'apprécierai, avec l'impartialité qu'on me connaît, ce qu'il a écrit et ce qu'il a fait : — les justes éloges sont un parfum qu'on réserve pour embaumer les morts.

Mayor (Mathias-Louis) naquit le 21 avril 1775, à Cudrefin, jolie petite ville du canton de Vaud (Suisse). — Son père, Jean-Daniel Mayor, y exerça la médecine, pendant cinquante ans, avec ce désintéressement hippocratique qui distingue les rares élus de la science de la tourbe des marchands de santé. — Le nom de cet habile et vénérable praticien est encore dans toutes les bouches, et sa mémoire restera longtemps parmi les braves campagnards dont il fut en même temps l'ami et le médecin. — Un seul trait va le faire connaître.

Il était alité, gravement malade, lorsqu'il apprit qu'une famille entière venait d'être empoisonnée, par suite d'une imprudence. — Les instances de sa fille, le mauvais temps, une distance de plusieurs kilomètres, rien ne put l'arrêter ; à la voix du devoir, il se leva et partit. — Ce fut sa dernière visite, il mourut quelques jours après, le 1er janvier 1830, à l'âge de 80 ans.

Mathias Mayor passa les treize premières années de sa vie dans la maison paternelle ; son goût pour la profession médicale se développa lorsqu'il était encore enfant ; on pourrait dire que sa vocation lui arriva par tous les pores, en vivant au milieu de cette atmosphère galénique qui imprègne l'habitation des praticiens de campagne ; mais il est plus vraisemblable qu'il avait pris conseil de son bon cœur, et qu'à l'aspect des paysans malades qui venaient se faire panser à domicile, il ne put pas résister au plaisir de les soulager, en servant d'aide à son père. — Son adresse une fois connue, les malades s'adressaient volontiers au petit Mathias, et celui-ci, au lieu d'exiger des honoraires, leur donnait de l'argent ou du vin.

Son père pronostiqua, avec un bonheur d'artiste, la destinée de son fils, d'après toutes ses heureuses dispositions, et il en favorisa le développement par son exemple et par ses conseils. — Mathias Mayor en profita dans toutes les phases les plus difficiles de sa vie ; il me l'a dit et il se plaisait à le redire, dans l'occasion.

Ce fut avec une surprise mêlée de crainte que sa mère, née de Bellerive, vit se développer dans un enfant encore si jeune une audace réfléchie qu'elle prenait pour de la témérité, et qui n'était, chez lui, que la première manifestation de son intrépide et remuante nature.

Ainsi, à l'âge de six ans, il se plaisait à dompter des

chevaux fougueux. — Un jour il fit une chute et se fractura l'avant-bras ; sa pauvre mère ne reconnut ce grave accident qu'à la vue du membre qui pendait et vacillait.

Quelques années après, et pendant les vacances qu'il passait auprès de ses parents, lorsqu'il faisait une course, c'était comme une course au clocher; rien ne pouvait l'arrêter ou seulement le faire dévier de la ligne droite ; il pénétrait dans les taillis les plus fourrés, franchissait les haies, les murs et les rochers. — Traverser un lac à la nage, la nuit comme le jour et en toute saison ; — se tenir debout sur deux chevaux en liberté, étaient les jeux favoris de son enfance.

A cette organisation toute spartiate, il fallait absolument de l'air, de l'espace, du mouvement, une lutte quelconque à soutenir, un péril à braver.... En voici une preuve. — A l'âge de 14 ans, et à la suite d'un pari, il se jeta à la nage dans l'Aar, près de Berne, et se laissa volontairement entraîner par le courant de l'un des fleuves les plus impétueux de l'Europe, jusque dans un endroit où celui-ci, avec la rapidité d'une flèche, glisse sur un plan très-incliné, et tombe perpendiculairement d'une hauteur de cinq mètres environ. — La descente et la chute de notre étourdi s'effectuèrent heureusement; mais lorsqu'il voulut regagner la surface liquide, le tourbillon l'entraîna sous la chute d'eau, et il fut dans ce moment lancé à une grande profondeur. — L'abîme était sans issue et le gouffre qu'il avait si imprudemment bravé le tenait enlacé dans ses inextricables tournants. — Se voyant perdu, sa première pensée fut pour ses parents que sa mort allait plonger dans le désespoir. —

Son admirable présence d'esprit lui indiqua la seule chance de salut qui lui restât, et, dans ce moment suprême, rassemblant toutes ses forces et retenant sa respiration, il nagea sous l'eau dans la direction du courant, et lorsqu'il reparut à la surface du fleuve, il se trouva hors de la sphère attractive du fatal tourbillon, il était sauvé..... La police de Berne, craignant pour la jeunesse un exemple aussi dangereux, envoya la gendarmerie pour l'arrêter; il dut fuir.

En 1798, à la suite de jeux de cette dangereuse espèce, il eut une jambe fracturée et un genou luxé; cinquante ans après, en me faisant le récit de toutes ses prouesses du jeune âge, il me disait : « je n'ai jamais connu la peur ni la douleur. »

Le pasteur de Cudefrin se chargea de lui enseigner le latin. — A l'âge de treize ans, comme je l'ai déjà dit, il quitta la maison paternelle, pour continuer ses études, au collège de Thoune, où il apprit en même temps la langue allemande. — Plus tard, il se rendit à Zurich et y commença l'étude de la médecine et de la chirurgie, dans l'Université de cette ville. — Successivement, il fréquenta celles de Milan et de Pavie et même l'École de Paris.

Pendant le cours de ses études universitaires, le jeune Mayor, toujours vif, toujours audacieux, se fit remarquer par sa force et par son adresse, dans les exercices gymnastiques; une intelligence d'élite suppléa au peu de temps que son indomptable pétulance donnait à l'étude sérieuse et sédentaire. — Ce fut à l'Université de Pavie, qu'il prit le grade de docteur, dans le mois de mai 1795, après avoir soutenu, d'une manière remarquable, les quatre thèses suivantes :

I. *Argumentis quotquot contrà operationem cataractæ per depressionem adducta sunt, experientia minimè favet.*

II. *Symptomata quædam apparenter inflammatoria in febribus nervosis, usum vini moderatum non excludunt.*

III. *Non nulla mala quæ vulgo à retropulsione materiarum morbificarum derivantur, actioni potiùs remediorum adhibitorum adscribenda.*

IV. *Compositionem aquæ ex hydrogeneo et oxygeneo, experimenta sat firma luculenter demonstrant.*

Revenu dans sa ville natale, Mathias Mayor se maria et fut s'établir à Morat. — Le 4 août 1803, il quitta cette résidence, et vint se fixer définitivement à Lausanne, c'était un théâtre plus digne de lui et en rapport avec son activité. — Il n'y avait, dans ce temps là, qu'un petit nombre de médecins dans le canton de Vaud; aussi, avec la réputation qu'il y gagna bien vite, sa clientelle devint la plus considérable. — Pendant vingt-cinq ans, il se livra presque exclusivement à l'exercice de la médecine et surtout de la chirurgie; il faisait ses courses à cheval, et pendant les longues heures de solitude, à travers champs, que le médecin de campagne passe en tête à tête avec l'animal qui marche pour lui et sous lui, il rêvait de ses malades, du traitement de chacun et s'*ingéniait*, pour suppléer à un instrument ou à un appareil qu'il n'avait pas.

C'est ainsi qu'Ambroise Paré pansa des plaies d'arquebuse avec des émollients qu'il avait, sous sa main, au lieu de spiritueux qu'il n'avait pas. — La nécessité, a dit Lafontaine, est docteur en stratagème, ne fut-elle pas, dans ces circonstances, docteur en chirurgie?

Telle fut, en effet, l'origine de son admirable système de déligation, et plus tard, de tous ses perfectionnements et de toutes ses réformes plus ou moins heureuses en l'art de guérir.

Nous allons suivre toutes les péripéties de cette longue carrière, si exubérante de découvertes encore peu connues ou mal jugées, si militante jusqu'au bout, et l'on finira par convenir que le chirurgien de Lausanne a réalisé, dans sa grandiose entreprise, tout ce qui était humainement réalisable, par un seul homme.

A la suite de la grande tourmente politique qui marqua la fin du siècle dernier et le commencement du nôtre, le canton de Vaud était devenu état indépendant et souverain (1803). — Un des premiers actes du gouvernement fut la création d'un hospice cantonal; Mathias Mayor, recommandé par son seul mérite, fut nommé chirurgien en chef de cet établissement.

Sa noble ambition fut enfin satisfaite ; il désirait un théâtre assez spacieux pour son zèle, assez commode pour soumettre à une épreuve prompte et ostensible toutes les idées neuves et originales qui fermentaient impatientes dans sa tête ; si bien, qu'il compta le jour de son installation, au nombre des plus heureux de sa vie.....

Comme Desault, lorsqu'il entra à l'Hôtel-Dieu de Paris, notre jeune et philanthrope chirurgien ne dédaigna pas de descendre dans tous les détails du transport, du régime, du traitement et de la surveillance de ses malades.

L'hospice cantonal de Lausanne domine la ville et, vu de loin, présente un aspect assez pittoresque. La façade principale se compose d'un corps de bâtiment, avec deux ailes en saillie et une cour fermée par une grille presque monumentale ; sa position serait irréprochablement hygiénique, si le promenoir qui regarde et domine Lausanne, pouvait être plus spacieux. — Mais, à côté des Alpes, et sur les bords du limpide Léman, l'air est si pur, si subtil, qu'il n'est besoin d'enjamber l'espace, pour accélérer le jeu respiratoire et favoriser son entrée dans les poumons.

Au rez-de-chaussée de l'hospice se trouvent la cuisine, le réfectoire, les bureaux et autres dépendances, pour le service intérieur. — Les deux étages superposés peuvent loger commodément 120 malades environ. Il n'y a pas de salles spécialement affectées à telle ou telle maladie ; de la sorte, on peut mettre à profit les lits vacants, les visites des médecins sont plus fréquentes, mieux réparties et l'on évite de rapprocher deux malades semblables, très-grave inconvénient, souvent signalé et qui subsiste encore, dans nos hôpitaux de France (1). Des plafonds de plâtre, des parquets toujours luisants,

(1) « Ces deux malades deviennent observateurs l'un de « l'autre ; ils calculent par celles de leur voisin, les douleurs « qu'ils ont à souffrir, s'épouvantent des maux qu'ils ressentent, parce qu'ils lui en promettent de semblables ; et, « si la maladie se termine par la mort, celui qui survit est « cent fois frappé du coup mortel. » (*M. A. Petit.*)

des couchettes en fer suffisamment espacées, des fenêtres à double ouverture, des ventouses, de beaux et nombreux poêles en faïence; enfin l'ordre et la propreté qui règnent partout, sans oublier le peu de sévérité qui préside au régime des malades, témoignent en faveur du bon vouloir administratif et de la sollicitude avec laquelle Mayor traitait ses chers Vaudois.

Il faut gravir cent dix marches d'un escalier raide et fatigant pour arriver à l'hospice, du côté de la ville; — bien ou mal disposé, Mathias Mayor ne manqua jamais sa visite et, selon l'urgence, il répétait cette pénible ascension deux et même trois fois dans la journée; — cette ponctualité du premier jour resta la même pendant quarante-deux ans. Bel exemple à citer.

Entre un malade pauvre et un malade riche, il n'hésitait pas dans la préférence, et j'ai vu, dans son antichambre, des margraves allemands et de fiers gentlemens, qu'il avait quittés pour faire sa visite du matin, et qui l'attendaient.....

Deux mobiles plus déterminants pour lui, que l'appât d'un peu d'or, le poussaient à cette apparente impolitesse, son devoir d'abord et son amour passionné pour la chirurgie, « cet art que je professe et que je chéris. » (*Essai sur les ligatures.*)

C'était vraiment, dans son hospice et pendant sa visite, que Mathias Mayor posait, sans s'en douter, comme prototype de l'homme excellent, de l'artiste en verve et de l'opérateur habile! Voyez-le plutôt, dans son ample redingote bleue, les manches retroussées et ceint du tablier classique; — ses infirmiers l'escortent, pendant qu'il discute et qu'il gesticule avec l'un de ces commis-voyageurs de l'art parisien qui s'arrêtaient à Lausanne, pour voir cette CURIOSITÉ CHIRURGICALE vulgairement nommée *le Père Mathias*.

— Vous êtes heureux, mon cher confrère, car nous avons en ce moment une assez belle collection de fractures ; — vous allez voir comment avec un mouchoir de poche nous nous passons de tout le grotesque arsenal de vos bandages ; — comment je dresse les bossus, sans les mécaniques de Guérin ; — comment j'escamote des goîtres qui ne sont pas des muscades ; — comment je guéris nos jambes cassées, sans gêne ni douleur ; — comment j'improvise un appareil pour la fracture de la clavicule, j'en suis enchanté... — A propos, infirmier, faites venir le n° 14 ; c'est un maçon qui s'est fracturé l'os en question, hier...

— Mais, Monsieur, le n° 14 est en ville ?

— Vous saurez donc, mon cher confrère, que nous gâtons un peu nos malades ; je leur permets de sortir, après le pansement, que voulez-vous ? ces pauvres diables s'ennuyent entre quatre murs. — C'est égal, pour vous donner une démonstration de mon écharpe, je puis me passer du maçon... Je tiens beaucoup à vous l'apprendre... Ce bandage et celui du pied suffisent pour faire les honneurs de mon nouveau système. — Infirmiers ! donnez-nous un *carré*...

Notre touriste n'a pas le temps de se mettre sur la défensive : deux larges mains s'emparent assez brutalement de sa délicate personne, et le voila garrotté *secundum artem*.

— Monsieur Mayor ! mon bon monsieur Mayor ! crie une vieille femme.

— Eh bien, qui m'appelle ? — Ah ! c'est la maman n° 19 ! — Un cas intéressant, mon cher confrère, vous allez en juger...

Mayor, une main dans sa redingote, dans l'attitude de Napoléon sur la colonne : — Cependant tous vos *matadors* et vos *gros bonnets de la capitale* n'ont pas osé débarrasser cette femme d'une énorme tumeur du cou, qui aurait fini par l'étouffer, en comprimant de plus en plus les voies aériennes... — Ils lui ont dit : retournez en Suisse, comme nous disons à un incurable qui nous ennuie : allez prendre les eaux ; et ils n'ont pas manqué d'ajouter : M. Mayor vous guérira... — Eh bien oui, je l'ai guérie, vous la voyez, Monsieur, vous pourrez au besoin l'attester. — Voici la tumeur, elle pèse près de deux livres, et la place qu'elle occupait, la voilà... — Notre plaie réunie par première intention et à l'aide de quelques bandelettes, est en bonne voie de cicatrisation. — Ça va très-bien, maman, vous pourrez, dans la quinzaine, reprendre la diligence ; — N'oubliez pas, en partant, votre *seconde tête* ; vous la porterez, comme saint Denis portait la sienne, sur votre main, et vous ne manquerez pas de dire à ces *savantissimes* professeurs : M. Mayor m'a guérie avec son tourniquet à chapelet. — Mais vous vouliez me parler, que désirez-vous, ma petite mère ?

— Pardon, mon bon monsieur Mayor, je voulais vous dire que mon *estomaque* est délicate, ça fait que je n'ai que deux bons jours dans la semaine....

— J'ai compris. — Infirmiers! café au lait tous les matins au n° 19. — En Suisse, mon cher confrère, c'est le déjeûner national; j'ai éprouvé moi-même tout ce que les malades doivent souffrir, par sa privation, et voulant qu'ils fussent aussi bien dans mon hôpital que chez eux, j'ai fait la *courbette* auprès de nos administrateurs et j'ai obtenu le café au lait deux fois par semaine.

— En vérité, M. Mayor, vous êtes d'une bonté incroyable, un père ne serait pas...

— Plus dévoué, vous voulez dire? mes malades ne sont-ils pas mes enfants? — Mais nous allons suivre, s'il vous plaît, je ne suis pas au bout de mes exhibitions.

N° 30. — Fracture comminutive de la cuisse, à son dixième jour; vous voyez notre appareil à irrigation continue... Un seau de bois, suspendu au plafond, pour recevoir l'eau; son fond est percé et un ou plusieurs bouts de ficelles (aqueducs) s'en échappent, pour la distribuer à volonté.

N° 34. — Fracture de jambe; le membre repose sur une gouttière suspendue; j'appelle ça *Hyponarthécie;* il faut bien parler grec, pour se faire écouter par les savants..... Le malade peut s'asseoir sur son lit, changer de place pour se délasser. — Enfin il peut se lever, avec l'aide de quelqu'un, se carrer dans un fauteuil, lire la *gazette* et faire son *cent de piquet*. — Mais, allez-vous me dire, l'extension n'est pas possible, vous guérissez avec raccourcissement... — Cet infirmier va vous répondre, en marchant... Il y a un an, il se cassa les deux os d'une jambe, avec issue des fragments ; pourriez-vous m'indiquer la plus courte ?

N° 42. — Un doigt que j'ai amputé, avec mon *tachytome*... Montrez le moignon, jeune homme, et dites si je vous ai fait souffrir...

Vous avez lu sans doute, mon ouvrage sur le *fil de fer et le coton* ; — RÉSISTANCE ET MOLLESSE, — en voici une application. — Ce petit étourdi m'a été amené par ses parents, le bras cassé à son tiers supérieur. — Une fois les fragments en rapport, je les maintiens, comme vous voyez, avec une gouttière en fil de fer rembourrée de coton et recouverte d'un *imperméable*. — Avec ces attaches, j'ai fixé le membre contre les parois de la poitrine, mon *point d'appui*, une véritable attelle. — A-t-il été plus sage aujourd'hui notre petit bonhomme ?

— Oui, Monsieur.

— Dans ce cas, je lui permets d'aller manger des cerises chez ses parents ; — mais tu ne grimperas plus sur l'arbre, entends-tu ?

N° 55. — Infirmiers ! apportez mes sondes, les sondes *Mayor*, comme dit maître Charrière. — Voici, mon cher confrère, un libertin qui expie les errements d'un cœur trop sensible ! — Il y a blennorrhagie, rétrécissements, fistule urinaire... On ne peut guère faire pénétrer la bougie la plus fine, sans faire fausse route... Essayez plutôt !

Pendant l'opération, le malade fait la grimace et se plaint : il faut y renoncer.

— A mon tour, s'il vous plaît, dit Mayor. — Ceci est mon cathéter n° 6... J'affronte son bout avec l'orifice du canal et avec mon petit doigt sur le pavillon, crac...

« Je n'ai fait que passer, il n'était déjà plus. »

En effet, l'urine s'échappe, le malade remercie et le vieux chirurgien triomphe... — A présent, n° 55, montrez à Monsieur la manière facile de vous en servir, afin qu'il en fasse part à Vidal, le *beau diseur* et le *mauvais faiseur.*

Le malade introduit et retire le cathéter, le touriste essaye de nouveau et réussit ; — Mathias Mayor venait de recruter un nouveau prosélyte....

Je pourrai prolonger indéfiniment cette scène d'hôpital, sténographiée sur les lieux ; on y croira, parce qu'elle n'est pas flattée. — Qu'on me permette de reprendre la vie de Mayor, où je l'avais laissée.

Les ingénieuses innovations du chirurgien de Lausanne mises à l'épreuve, dans un établissement de plus en plus fréquenté, firent connaître son mérite opératoire et l'élevèrent bien vite au pinacle de la confiance et de la considération publique. — Son existence devint incroyablement active, partagée entre son service nosocomial, une clientelle nombreuse et éparpillée et les leçons d'obstétrique qu'il faisait aux élèves sages-femmes du canton. — Comme disait Bouvard, sa pratique était *galoppée* et deux chevaux lui suffisaient à peine. — Quelques années après, il fut appelé à siéger dans le grand conseil qui exerce le pouvoir législatif et la souveraineté, au nom de la nation ; de plus, il faisait partie du conseil de santé, en sa qualité de chirurgien en chef de l'hospice.

L'homme ne peut pas servir deux maîtres, la science et la fortune ; — l'une ou l'autre finit par dominer ; c'est ce qui arriva à Mayor, et chez lui, ce fut l'amour pur et sincère de la science qui l'emporta ; — il lui dut sa vie heureuse bien qu'agitée, ses goûts simples, ses habitudes régulières, l'indépendance de son jugement et de sa conduite. — Sur la porte de son cabinet, où il passa ses heures les plus agréables, on aurait pu placer cette inscription de Fabrice d'Aquapendente : LUCRI NEGLECTI LUCRUM.

Sa vie d'auteur a commencé en 1821, époque à laquelle il fit imprimer une notice pour faire connaître son procédé pour les ligatures, à l'aide du serre-nœud de Roderie qu'il avait heureusement modifié, en ajoutant aux petites boules, un treuil mobile sur un tube métallique.

Après plusieurs tentatives hardies que le succès avait justifiées, Mathias Mayor s'était décidé à les communiquer à la Société cantonale des sciences naturelles, mais ce qui assura surtout à cette heureuse généralisation de la ligature, une grande publicité, ce fut la guérison inespérée d'une femme haut placée, la baronne Julie de Seckendorf. — Un praticien distingué de ce temps là, Bouchet de Lyon, la considéra comme une des plus belles opérations de la chirurgie moderne.

Avec son constricteur à chapelet qu'on trouve décrit, aujourd'hui, dans tous nos traités de médecine opératoire, Mayor osa extirper et extirpa avec un étonnant succès les goîtres les plus volumineux. — Mais, dans le nombre des tumeurs à large base, à tissu dense et cartilagineux, qu'il essaya de ligaturer, il en rencontra qui résistèrent pendant dix-huit jours à l'action de son instrument ; — inconvénient des plus fâcheux, par la prolongation de la douleur et de l'odeur fétide qui résulte de la mortification des parties.

Le génie inventif de Mayor sut bientôt s'en affranchir, en imaginant de morceller une base trop large, à l'aide d'un cordon double qu'il y introduisait, avec de grosses aiguilles, et dont les bouts réunis formaient une anse, embrassant la moitié ou le tiers seulement de la tumeur, sur chacun desquels il adaptait un constricteur. — Cependant, d'après la recommandation même de l'auteur, il ne faut recourir à l'extirpation qu'après avoir vainement essayé toutes les médications internes et lorsque le danger de la suffocation est imminent.

Dans une seconde brochure, publiée en 1826, (*Essai sur les ligatures en masse*), Mayor a rapporté dix observations, à l'appui du procédé et des principes qui doivent diriger son emploi. — Le professeur Lisfranc qui le suivit de près dans la tombe, fut le premier, en France, qui se prononça, dans ses leçons, en faveur du constricteur à chapelet, et qui l'adopta dans son service.

Le Conseil de santé du canton de Vaud, avait confié au chirurgien déjà renommé, l'enseignement des sages-femmes. — Son zèle ne fit pas défaut ; — pour répondre à cette nouvelle preuve de confiance, il ne se contentait pas, dans l'intérêt de ses élèves, prises, comme en France, parmi les femmes du peuple, sachant à peine lire et écrire, de leur donner des leçons orales ; il les obligeait encore à suivre sa clinique de l'hospice, pour apprendre à saigner, ventouser, vacciner, panser les plaies et administrer aux malades trop éloignés du médecin, tous les secours d'urgence que réclame leur position.

Ce fut pour venir en aide à ces intelligences campagnardes qu'il imagina de fabriquer un bassin en fil de fer, indiquant sa forme, ses dimensions, ses axes, ses symphises et qui peut exprimer, à volonté et de suite, toutes ses configurations vicieuses, par la flexibilité de sa matière.

Les bons traités élémentaires à l'usage des sages-femmes sont rares; — le catéchisme de Baudeloque est encore trop technique, trop savant pour elles, et le Conseil de santé, instruit de cette lacune, engagea son professeur à en rédiger un, capable de servir de texte pour les leçons et de guide dans la pratique. — Malgré ses occupations incessantes, Mayor fit paraître en 1828, son *Instruction sur l'art des accouchements, à l'usage des sages-femmes du canton de Vaud,* livre très pratique, remarquable par sa méthode et par la simplicité des démonstrations.

Peu d'anatomie, autant qu'il en faut pour saisir le mécanisme de l'accouchement et diriger ses manœuvres; mais beaucoup de détails qui, malgré leur apparente vulgarité, sont utiles au praticien qui débute.

Ce fut une bonne fortune pour l'esprit simplificateur du maître, que le chapitre encore si embrouillé des positions, qu'il réduisit à deux, celles de la tête et des pieds.

Pour faciliter la sortie du placenta, Mayor a conseillé de *seringuer* de l'eau fraîche par les veines ombilicales. J'ai consulté, pour la priorité du moyen, la plupart des accoucheurs qui ont écrit; — Mojon l'a conseillé, — à quelle date? — Je l'ignore. — Ce moyen peut réussir quelquefois, mais il est d'une application difficile.

Je dois citer, avec éloge, sa distinction entre la péritonite et la fièvre de lait, — le chapitre relatif à la conduite de la sage-femme, pendant le travail, et celui qui indique la manière d'aller chercher les pieds.

Après la publication de cet ouvrage, Mayor fit le voyage de Londres et fut accueilli, avec une flatteuse distinction, par le célèbre chirurgien anglais, Astley Cooper.

A son retour, il s'arrêta quelques jours à Paris et publia dans le *Journal général des hôpitaux civils et militaires de Paris*, un mémoire sur la cautérisation par le marteau. — L'eau bouillante est bien l'agent calorifère le plus prompt et le plus facile à se procurer; mais la difficulté de circonscrire son application s'était opposée jusqu'alors à populariser son emploi. — Mathias Mayor, par l'intermédiaire du métal, d'un simple marteau, plongé dans le liquide bouillant et appliqué immédiatement sur la peau, pendant quelques secondes, put produire, à volonté, l'effet d'un sinapisme, d'un vésicatoire ou d'un moxa; — précieuse ressource pour un médecin de campagne, quand il est obligé de recourir à une dérivation prompte et énergique, sur des malades pauvres, isolés et dépourvus.

« Il y a quelque chose de spécial dans le marteau, disait Mayor, qu'on saura tôt ou tard mieux apprécier et qui le rendra tout particulièrement utile dans tel ou tel cas soumis. » — Dix sept ans après l'impression de ce mémoire et quelques jours après la mort de son auteur, un interne des hôpitaux de Paris, M. Hervieux, fit connaître aux lecteurs de l'UNION MÉDICALE, l'utilité du marteau Mayor, dans la période ultime des maladies. — « Je faisais avec M. Rayer, dit-il, quelques recherches sur les signes de la mort. Nous avions, dans ce but, appliqué sur des agonisants, sur des individus voués par conséquent à une mort certaine, le moyen vésicant imaginé par M. Mayor. — Nous ne fûmes pas peu surpris de voir, sous l'influence de cet agent énergique, des malades qui n'avaient plus que quelques heures à vivre et qui, déjà sur le seuil de l'autre vie, semblaient étrangers aux choses de celle-ci, se réveiller pour ainsi dire de leur léthargie, recouvrer l'usage de leurs sens, et rentrer quelques instants, qu'on me passe la métaphore, dans ce monde qu'ils allaient quitter pour toujours. »

Après avoir relaté quatre cas de *résurrection temporaire*, obtenus par l'application du marteau, sur la partie antérieure du thorax, M. Hervieux ajoute : « Je ne prévois pas, je ne pense pas prévoir toutes les circonstances dans lesquelles les lois, la morale, la religion peuvent se trouver intéressées à ce qu'un agonisant recouvre son intelligence, ses facultés et la force nécessaire pour en faire usage; mais je dois dire, en thèse générale, que toutes les fois qu'un agonisant aura, dans un but quelconque, besoin de reconquérir avec son intelligence et son libre arbitre, soit la faculté d'entendre, soit l'usage de la parole, soit la possibilité d'ordonner certains mouvements musculaires, pour écrire, par exemple : l'application méthodique du marteau Mayor sera toujours, sinon d'une efficacité constante, au moins d'un immense secours. »

Coïncidence douloureuse! — ce pauvre Mayor venait d'expirer, à la suite d'un *coma somnolentum*, et si la communication de M. Hervieux eût été faite vingt jours plus tôt, il aurait pu profiter de son topique vésicant, se réveiller et renouer peut-être une existence si chère à sa famille et à ses amis, si utile à la science.....

MM. Biett et Hollard employèrent la cautérisation par le marteau, avec un certain succès, sur plusieurs cholériques, et le professeur Marjolin l'a recommandée, dans ses leçons. « Ce moyen, imaginé par M. Mayor, est plus simple et il effraie moins le malade; il est moins douloureux que la combustion du coton, il dure moins longtemps et l'eschare est beaucoup mieux limitée. Je n'ai pas cru d'abord qu'une chaleur de cent degrés pût produire un pareil effet, mais cela est certain. « *(Leçon sténographiée du* 11 *avril* 1826*)*.

La Confédération suisse, par son voisinage avec la France, fut un instant ébranlée, inquiète même, à la suite des secousses politiques de 1830; elle se mit sur un pied de guerre, afin de parer à toute éventualité. des corps francs s'organisèrent dans chaque canton, mais ils manquaient de chirurgien, et pour y suppléer en partie, Mathias Mayor rédigea à la hâte des fragments de chirurgie populaire et les publia : — ce fut le prélude de ses travaux, de ses louables et constants efforts, pour simplifier et mettre ainsi à la portée de tout le monde, la seule branche de l'art de guérir qu'il soit possible de populariser, — la chirurgie, — parce que ses secours doivent être aussi prompts que l'accident qui les réclame.

Rien de plus simple, en effet, de plus facile à comprendre et à exécuter que les instructions qu'il a données, pour arrêter le sang, organiser vite et partout les premiers secours dans les accidents graves ; les premiers soins que réclame une plaie quelconque et un membre fracturé, en attendant le chirurgien ; enfin, pour transporter les malades et particulièrement les blessés.

La société des connaissances utiles reproduisit ces pages intéressantes, dans son journal qui remplissait alors toute l'Europe et décerna une médaille à leur auteur.

Deux années s'écoulent : le chirurgien suisse prit goût à la gloire littéraire, il passe des nuits entières à coordonner un système qu'il a trouvé, par hasard, dans les plis d'un mouchoir, et, dans le courant de 1832, il fait imprimer à Lausanne, son *Nouveau systèmc de déligation chirurgicale.*

Cet ouvrage fut comme la pierre angulaire de sa réputation et lui mérita quelques mois après sa publication, un prix de l'Institut de France, d'une valeur de 3000 fr.; le docteur Finsler en donna bientôt après une traduction allemande.

Vous conviendrez aujourd'hui, grands chirurgiens qui le trouviez petit, et vous, petits chirurgiens qui ne pouviez pas lui pardonner d'être si grand, que Mayor fit un noble et utile emploi de sa vie, en vous apprenant qu'on peut remplacer avantageusement, nos bandes et nos bandages, avec un mouchoir diversement plié ; —

la charpie par le coton, — les compresses par l'ouate; — en nous apprenant aussi qu'on peut traiter et guérir les fractures des membres, sans l'attirail momifiant de Scultett ou sans la machine barbare de Boyer; — qu'on peut remédier aux déviations de la colonne vertébrale, sans lits mécaniques, sans frais et à domicile, etc.

Chacune de ces importantes simplifications mériterait un chapitre à part, — une appréciation détaillée; — je tâcherai, en me soumettant aux exigences d'une notice biographique, d'en parler assez pour faire naître chez ceux de mes confrères qui la liront, le désir d'en essayer.

Je l'ai déjà dit et je me plais à le répéter, un vulgaire mouchoir qui se trouve dans toutes les poches, peut, d'après le nouveau système de déligation, suppléer aux pleins, bandes et bandages, en usage, depuis Galien et Oribase, jusqu'à nous. — Avec ce mouchoir, ce *carré*, comme l'appelait Mayor, on peut obtenir le *carré long*, le *triangle*, la *cravate* et la *corde* et c'est avec ces cinq manières de plier un mouchoir, que cet habile et adroit chirurgien savait se passer des cinquante-trois bandages de notre vieux répertoire, ainsi qu'il se plaisait à le démontrer aux étrangers qui visitaient son hospice, à ses élèves et à ses infirmiers même qui finissaient par s'en servir, avec presque autant d'adresse que le maître, moins son goût.

Les avantages du mouchoir sur les bandes, d'après Mayor, sont les suivants: 1° Un mouchoir se trouve aisément et partout; 2° son application est des plus facile, car chacun, dès l'enfance, est habitué à le manier; 3° il ne se relâche ni ne se dérange facilement;

4° jamais il ne se corde; 5° s'il vient à blesser, son changement a lieu à l'instant même et avec la plus grande facilité; 6° il est facile à laver, à soigner, à entretenir, et il a plus de durée que les bandes; 7° on peut lui donner à volonté la largeur et l'épaisseur qu'on désire; 8° il forme un tout plus solide que le bandage roulé, dont chaque tour peut être considéré comme une pièce à part, et dont le dérangement influe sur tous les autres tours.

Le docteur Thivet, qui professe depuis dix ans environ la déligation chirurgicale, à Paris, avec succès et indépendance, en mettant en regard les anciens et les nouveaux procédés, pour les faire apprécier comparativement et diriger ainsi, avec entière connaissance, le choix de ses élèves, s'est exprimé sur la valeur du système Mayor : « Ses moyens déligatoires, dit-il, l'emportent sur nos bandes, en ce sens qu'ils exercent une compression moins pénible, qu'ils ont plus de résistance, qu'ils se relâchent moins facilement, enfin qu'ils font dans les bandages de tête l'office de bonnet et de bande tout à la fois; avantage inappréciable, attendu qu'il est très-difficile d'appliquer nos bandes sur des corps ovoïdes, sans serrer beaucoup et toujours au détriment du malade (1). »

Je me fais un devoir d'ajouter qu'avec les ressources bien connues du mouchoir, je n'ai presque plus besoin de bandes, dans ma pratique.

Le coton et ses divers tissus peuvent remplacer la charpie, mais plutôt comme moyen de remplissage que comme matière à pansement; —Mayor ne voulut pas ad-

(1) *Traité complet de bandages*, etc., page 30.

mettre cette distinction ; en cela, il fut blâmable : l'entêtement, en médecine, est très-dangereux.

C'est surtout au médecin de campagne qu'il appartient d'apprécier l'économie résultant de l'emploi du coton dans les pansements. — Son client n'a pas le loisir de retirer la charpie brin par brin ; d'ailleurs il manque, le plus souvent, de linge blanc et assez fin pour la confectionner, et quand il s'agit de panser souvent une plaie vaste et suppurante, avec des gâteaux de charpie qui coûte, en ce moment, huit francs le kilogramme : c'est une dépense trop onéreuse.

Le livre de Mayor, où se trouve l'éloge du coton et tant d'autres bonnes choses, me tomba entre les mains en 1835; je le lus d'un bout à l'autre, je le relus avec toute l'attention qu'il commande, et je fus tellement impressionné en faveur du traitement des fractures des membres inférieurs par la suspension simple ou mobilisée (*hyponarthécie*), que je n'hésitai pas à y recourir, pour une fracture des deux os de la jambe. — La consolidation fut aussi prompte et le traitement bien plus commode que d'après l'ancienne méthode de l'inamovibilité. — Deux ans après, je fis part au chirurgien de Lausanne de quelques modifications que j'avais apportées à son appareil (1) ; une polémique assez longue s'engagea entre nous, dans la *Gazette médicale de Paris*, et Mayor, au lieu de se fâcher de quelques piqûres de ma plume, m'invita très-courtoisement à aller le voir, choisissant

(1) Voir le *Dictionnaire de médecine et de chirurgie* en vingt-cinq vol — 2e édit., t. XIII, art. FRACTURES.

son hôpital pour soumettre nos appareils à un essai comparatif, en présence des médecins étrangers que le tir fédéral devait attirer à Lausanne.

A dater de cette rencontre, nos relations continuèrent de loin comme de près, et devinrent de plus en plus amicales.

Toute ma vie je garderai le souvenir des quelques jours qui s'écoulèrent avec cet aimable vieillard, en causeries pleines de charme et d'instruction pour moi, en courses en char, dans les alentours si pittoresques de la ville. — Je me crois encore, en écrivant ces lignes, auprès de mon hôte illustre... Nous voilà bien tous deux assis sur un banc de bois peint en vert, sous le portique de sa jolie maison du boulevard, toute tapissée de clématite et de chèvre-feuille à fleurs rouges. — C'est le soir d'une tiède journée d'automne, — nous fumons de délicieux *cigaretos* qu'un Anglais lui a apportés de la veille, et pendant que l'œil suit ces spirales de fumée bleue et odorante qui font involontairement rêver, nous parlons, lui, du passé et du présent, moi, des promesses aléatoires de l'avenir ; — nous mêlons, sans les brouiller, — la science et la poésie, — la liberté et le progrès, — notre admiration pour l'artiste divin qui a signé le paysage encadré par les Alpes qui se déroulent devant nous, et notre admiration pour le génie de l'homme, en apercevant un paquebot à vapeur qui cingle le lac Léman. — Hélas ! après douze ans, *hora fugit*... le même paquebot passe et repasse encore aux pieds de la même colline ; — l'homme aussi a passé, — mais quand il s'appelle Mathias Mayor, l'histoire garde son nom, et ses travaux laissent dans la science un sillage que le souffle des médiocrités jalouses ne pourra jamais effacer!

Le matin, nous montions à l'hospice pour y rester plusieurs heures; — ensuite, nous assistions aux fêtes militaires du tir, aux séances de la Société vaudoise des sciences médicales, et chaque jour finissait le plus tard possible et commençait le plus tôt. — Il nous arriva une fois de passer une nuit blanche, Mayor, en s'amusant à faire *se becquetter deux rimes au bout d'une idée*, à composer une chanson patriotique qu'il voulait chanter le lendemain au banquet de *Beaulieu*, — tandis que j'improvisai pour la même circonstance un toast que mon jeune ami de soixante ans trouva si chaud, si chaud... qu'il en alluma un bol de punch...

On me pardonnera ces réminiscences : — l'amitié avait pris ma plume ; — je vais la reprendre, *majora canamus*.

J'ai prononcé un mot bien barbare, *hyponarthécie;* il réclame une explication historique.

Jusqu'à l'époque où Sauter, physicien de Constance, publia sa méthode (1812), le traitement des fractures des membres avait langui dans une atrophique enfance, emmaillotté qu'il était dans les trente-deux langes de Scultet. — D'après la méthode allemande, on peut permettre à un membre cassé mais réduit, reposant sur un cadre sanglé, garni et suspendu, tous les mouvements oscillatoires, parallèles à l'horizon, et cela sans compromettre l'exacte coaptation des fragments et sans douleur : méthode admirable et qui vaudrait une statue à son inventeur; mais quel est-il? — Déjà Ravaton avait employé un appareil à suspension, en l'année 1750, et avant lui, de temps immémorial, on connaissait l'*écharpe du bras*.

Mayor comprit bien vite tous les avantages de la suspension appliquée au traitement des fractures des membres inférieurs, il l'essaya et finit par l'adopter exclusivement, après lui avoir fait subir des simplifications assez importantes.

Ainsi, au lieu du cadre sanglé, il se servit d'une planchette et ensuite d'une attelle en fil de fer, pour soutenir le membre ; — il diminua le nombre des cordes employées à la suspension de l'appareil, etc.

Depuis mon importation de l'hyponarthécie en France, la thérapeutique des fractures paraît avoir subi quelques perfectionnements ; — on s'est peut-être trop promptement engoué de l'*inamovo-mobilité ;* — on a généralisé mal-à-propos l'amidon de Seutin et la dextrine de Velpeau ; — la faveur publique, vous le verrez, éprouvera un *retrait,* comme la bouillie chirurgicale, en se desséchant. — Mayor se mit à la mode, en 1846, en amidonnant ses liens.

C'est dans le même ouvrage, couronné par l'Institut, que l'ingénieux chirurgien de Lausanne démontre, avec des faits et des déductions très-rationnelles, empruntées aux lois de la dynamique, qu'on peut redresser les gibbosités, sans lits mécaniques.

Jusqu'alors, l'orthopédie n'avait pas dirigé ses travaux dans l'intérêt de tout le monde ; il fallait le poids de l'or pour aplatir une bosse, effacer une épaule trop saillante et restituer au rachis ses courbes normales. — Mathias Mayor tenta le premier de populariser cette partie importante et trop peu connue de l'art chirurgical. — Ses appareils ne sont ni nombreux, ni compliqués, ni chers; c'est un tourniquet en bois, imitant celui de J. L. Petit, d'après ce principe, que pour redresser un arc osseux, il faut pousser sur la partie la plus convexe et tirer en sens opposé sur chacune des extrémités.

C'est ainsi, qu'après avoir fait observer que si la partie la plus saillante d'un fragment de cercle est toujours le milieu du fragment de ce cercle dans les arcs rachidiens, c'est la saillie vertébrale, quel que soit l'endroit qu'elle occupe, qu'il faut envisager comme le milieu de l'arc sur lequel doit agir la force de traction ou de compression. Il appliquait donc la plaque de son tourniquet sur une saillie vertébrale quelconque, et après avoir embrassé convenablement la cage thoracique avec une large bande qui remplaçait la jarretière de J. L. Petit, il faisait tourner la vis jusqu'à ce qu'il obtînt la pression voulue.

A cet appareil, venaient en aide, selon les indications, son *hyponarthécie rachidienne*, sa *gymnastique clinique*, son *fauteuil* et son *ressort à béquille*.

« Peu de semaines suffisent, dit-il, dans les cas légers et récents, pour faire disparaître toute trace de difformité et d'inquiétude, et j'ajouterai qu'il me suffit seulement d'une demi-heure de démonstration de mes appareils et de leurs effets immédiats, pour que des bonnes ou des parents intelligents aient pu acquérir les notions pratiques nécessaires, afin de traiter très-bien des gibbosités choquantes et invétérées; il faut, à coup sûr, moins de temps encore aux hommes de l'art pour être initiés dans la théorie de mes principes, et pour les mettre à même d'en faire une heureuse et facile application (1). »

Les *lits mécaniques* destinés à soulever un malade au-dessus de sa couche, doucement et en masse, à le maintenir à une certaine élévation, pour le panser et changer, s'il le faut, les draps, les matelas, etc., sont très-compliqués et dispendieux : celui du docteur Nicolle coûte plusieurs centaines de francs, ce qui ne le met qu'à la disposition des riches. — Le cadre clinique de Mayor peut les remplacer. — C'est tout simplement un cadre en bois de la grandeur du lit, garni de sangles ou de toile, de manière à former un fond tout à la fois solide et doux, sur lequel doit reposer le malade, et qu'on peut soulever au besoin de la même manière qu'un appareil hyponarthécique ; — c'est le lit de Daujon, mis en usage dans tous les hôpitaux de Paris, que le chirurgien suisse devina avec tous les avantages de sa simplicité native.

Mayor aimait les chevaux et s'y connaissait ; cela s'explique. — Un cheval, pour un praticien de campagne, est le compagnon presque inséparable de ses travaux, de ses fatigues et de ses dangers ; il est l'instrument le plus nécessaire à sa profession. — Pendant cette vie commune, l'homme le plus indifférent finit par apprécier les précieuses qualités de sa bête ; ils s'étudient mutuellement, ils se comprennent et se disent beaucoup de choses, chemin faisant, avec un monosyllabe, un geste, une pression de jambe, un mouvement de bride ; à la fin, ce

(1) *Nouveau système de déligation chirurgicale*, etc. p. 234.

sont deux amis, et deux bons amis, *à la vie et à la mort*, littéralement parlant.

Plusieurs fois il fut appelé, dans le grand Conseil, à faire des rapports sur le perfectionnement de l'espèce chevaline, et pendant cinq ans, il fut président de la Commission des haras. — En 1834, il publia une petite brochure intitulée : *Propositions sur l'amélioration de l'espèce chevaline dans le canton de Vaud.*

Honneur au savant qui se préoccupe des intérêts matériels de son pays, parce qu'ils se rattachent, plus de près que de loin, à l'hygiène publique! — Honneur au citoyen assez courageux pour dire la vérité aux gouvernements et dénoncer à la barre de l'opinion publique, les *sots tâtonnements*, les *ridicules essais*, etc.

Pendant la même année, Mayor fit paraître, dans la *Gazette médicale de Paris*, un Mémoire sur la conduite à tenir dans les cas de fractures douteuses du col du fémur; — sujet encore controversé, à cause des difficultés du diagnostic et de la conduite à tenir pour aller au-devant de toutes les indications et éviter ainsi toute fâcheuse méprise.

« La règle, en pareil cas, dit cet habile praticien, et chaque fois qu'il existe le plus léger doute, paraît être de se conduire comme si la fracture avait lieu. — Ce précepte est aussi rationnel que facile à suivre, si on a le bon sens de se servir d'un appareil qui ne gêne et n'incommode point, qui place le membre précisément dans la position la plus convenable *à tout état possible*, qui permette de faire un traitement mixte, c'st-à-dire, de combattre avantageusement la contusion, le gonflement, l'irritation ou l'engourdissement des muscles, et qui laisse surtout au membre la pleine liberté de certains mouvements. »

L'appareil qu'il conseille, après l'avoir éprouvé, c'est la planchette suspendue. — Au bout de quelques jours, si le malade peut effectuer spontanément des mouvements d'élévation de la cuisse et celui de rotation du pied en dedans, plus de doute, l'os est intact. — Dans le cas contraire, on prolonge le traitement pendant le temps voulu pour la consolidation de l'article.

Autant de travaux d'esprit et de fatigues physiques ne faisaient que stimuler, loin de l'abattre, l'indomptable activité de cette vaillante nature ; Mayor commença par se trouver logé trop à l'étroit dans son hospice, dans son canton. — Le besoin de se faire connaître et de connaître en même temps, *de visu*, les ressources de la chirurgie française, et peut-être aussi l'accueil si exquisement poli avec lequel il avait été reçu, une première fois, par quelques sommités chirurgicales de la capitale, le décidèrent à venir, presque tous les ans, passer un mois ou deux à Paris : c'était son école buissonnière. — « Quand il arrivait, dit la *Gazette médicale*, frétillant comme un échappé de collége, une charge de manuscrits sur les bras, c'était plaisir de le voir, depuis le premier bruit du jour jusqu'au dernier, dans les hôpitaux, aux cours, à l'imprimerie, chez les notabilités médicales, dans les banquets, dans les réunions, promenant partout sa physionomie expressive, son rire si facile et si bruyant, son geste animé, ses historiettes gaillardes et son robuste appétit. »

Il *frétillait* donc, ce brave père Mayor, par le beau mois de juin (1835), avec sa charge de manuscrits sous le bras, allant du quai Voltaire pour lire à l'Institut un Mémoire sur son bassin en fil métallique et sur le dessin linéaire matérialisé par le moyen de ce fil, jusqu'à la rue Poissonnière, pour faire son *petit cadeau* à Jules Guérin, rédacteur de la *Gazette médicale ;* — petits cadeaux qui n'entretinrent pas leur amitié, en dépit du proverbe, dès qu'il osa toucher, avec une main qui n'était pas gantée, l'arche sainte de l'orthopédie.

Cette fois, il occupait deux imprimeries ; — place de la Bourse, la presse semblait gémir sur les tribulations futures de son cathétérisme forcé, et, rue du Cadran, il faisait tirer à part deux autres Mémoires, l'un sur le traitement des fractures de la clavicule, et l'autre sur l'ablation de la langue par la ligature, qui venaient de paraître dans la *Gazette médicale*.

Analysons ces trois Mémoires, ils le méritent.

L'ingénieux chirurgien avait contracté l'habitude de figurer un appareil avec ses mains, pour se rendre raison de son mode d'agir, et il en retirait des avantages tels qu'il formula cet axiome de déligation : « Plus les moyens de pansement imiteront l'adresse et l'action simple et commode de la main, comme type, plus ils se rapprocheront du degré de perfection auquel ils doivent tendre. »

C'est ainsi qu'en repoussant avec sa main et en appuyant sur le coude, lorsqu'il est dans la direction voulue, pour réduire et maintenir réduite une fracture de la clavicule, il imagina de remplacer cet *instrument in-*

telligent avec son mouchoir, plus ou moins rembourré de coton, et il en vint à bout. — Du reste, avant de publier son Mémoire à ce sujet, il en avait fait la démonstration à Paris, au sein de l'Académie royale de médecine, et il avait eu l'occasion d'appliquer son mouchoir sur des fractures réelles, à l'Hôtel-Dieu et à Saint-Louis.

Il y avait trente-cinq ans que Mayor traitait avec succès les rétentions d'urine, les strictures, les crevasses de l'urètre et même les fistules urinaires, par le cathétérisme forcé, c'est-à-dire pratiqué avec des sondes d'autant plus grosses que le canal est plus rétréci et qu'il faut le *recalibrer*, ainsi que l'avait d'abord conseillé et tenté le célèbre Desault.

Pour cet usage, il fit fabriquer sept sondes graduées, en étain, de 6 à 9 millimètres de diamètre, et les praticiens qui les connaissent et savent s'en servir à propos affirmeront, pour que mon assertion soit écoutée sans provoquer un rire incrédule, que l'introduction de ces sondes est plus facile, plus prompte et moins dangereuse que celles à petit calibre.

Avant et après la publication de sa brochure, Mayor avait soumis son procédé à une épreuve publique; des essais furent tentés, avec plus ou moins de succès, dans plusieurs hôpitaux et notamment dans le service de MM. Cloquet et Devergie; — une polémique s'en suivit, vive, irritante même, et, l'année suivante, une longue introduction fut ajoutée à la brochure en question, dans laquelle son auteur expliqua, avec un certain bonheur de logique, le mécanisme à l'aide duquel son cathéter pénètre dans le canal et force les obstacles qu'il rencontre, *quel que soit*, POUR AINSI DIRE, *l'état pathologique de ce canal.*

Ce mécanisme est la compression, excentrique et antéro-postérieure, pratiquée lentement, graduellement, longuement, si le temps et le cas le permettent; — plus vite et plus vigoureusement, si les circonstances en font un devoir.

On lui répondit : votre doctrine n'est pas neuve, car si vous dilatez en comprimant, nous comprimons en dilatant. — « C'est, au contraire, pour éviter toutes discussions oiseuses, riposta Mayor, que je présente les réflexions suivantes : Compression est la *cause*, dilatation est l'*effet*. — L'une est le *moyen*, l'autre est le *but*. — La première est toujours indispensable; la seconde ne suit pas toujours nécessairement. — Ainsi, dans un engorgement de la prostate, vous pressez et refoulez; mais dilatez-vous ? — Dilatez-vous vraiment l'urètre lorsque vous affaissez momentanément et par un moyen compressif quelconque, une végétation, un boursoufflement de la muqueuse ?

« Compression est le remède; dilatation est la convalescence, la guérison, et parfois seulement, une indication à remplir. »

Des notes furent aussi ajoutées à la même brochure, mais qui contiennent des personnalités d'autant plus blâmables, qu'il ne faut pas se fâcher quand on a raison. « Je vous enverrai ma seconde édition sur le cathétérisme. — *Elle me plaît beaucoup !* cela veut dire qu'elle *déplaira* passablement à quelques personnes. » (*Lettre du* 22 *mars* 1836.)

Mayor s'était fourvoyé ; — il ne suffit pas, en effet, d'émettre des idées bonnes et progressives, il faut encore savoir les présenter, les faire accepter (point le plus difficile), et au besoin les défendre avec tact et modération ; — en s'attaquant à un chirurgien instruit, lettré et spirituel, comme Vidal (de Cassis), il s'attira une réplique, dans le *Journal hebdomadaire*, pleine de raison et de fine raillerie, qui peut se résumer dans ces quatre lignes : « Vous dites à qui veut l'entendre : si vous aviez un lavement à donner, choisiriez-vous une très-grosse ou une très-petite canule ? — On a choisi la très-petite ; vous préférez la très-grosse ; pour moi, je demande la moyenne, à laquelle vous ne pensiez pas. »

Mayor répliqua à la *lettre chirurgicale* de M. Vidal (de Cassis), mais cette réplique, qu'il crayonna trop à la hâte, pendant un voyage qu'il fit à Aix-les-Bains et à Saint-Gervais, ne fut pas heureuse.

En concluant d'une manière générale que les cathéters du chirurgien suisse doivent être admis dans la pratique, mais à titre de complément des autres moyens et non à leur exclusion, M. Vidal n'a raison qu'à demi. — J'ai appris à me servir de ces cathéters sous la direction de leur inventeur ; depuis plus de dix ans, je les emploie presque exclusivement et avec avantage, parce que je n'ai jamais *osé* dépasser le n° 4.

Le cathétérisme forcé a été mal accueilli à son début, c'était dans l'ordre : on ne marche pas sur le pied de la routine sans la faire grimacer et crier ; mais les principes sur lesquels il repose sont fondés sur cette observation constante, qu'un corps arrondi à son extrémité et d'un certain volume écarte et enfile un canal membraneux, tel que l'urètre, avec moins d'inconvénients et de dangers qu'un corps petit, et à plus forte raison qu'un corps aigu ; — d'où je conclus que le cathétérisme *raisonnablement* forcé prévaudra tôt ou tard dans la pratique.

Dans son troisième Mémoire sur l'ablation de la langue par la ligature, Mayor critiqua un procédé autre que le sien, improvisé, dans un cas désespéré, par M. Mirault (d'Angers), et auquel l'Académie de médecine, en considération du succès qui le couronna, crut devoir accorder une publicité honorable dans le quatrième volume de ses Mémoires.

L'attaque fut inconsidérée ; — le chirurgien d'Angers ne fit pas longtemps attendre son accusé de réception. — Dans la *Gazette médicale*, il prouva qu'il avait été ou mal compris ou mal cité ; en effet, il n'y avait aucun rapport entre la ligature en masse de la langue, telle que l'avait pratiquée Mayor, et la ligature du même organe par la région sus-hyoïdienne, pour la comprimer seulement et la préparer à sa section transversale par l'instrument tranchant. Mayor répliqua et, laissant au public chirurgical le droit d'apprécier et d'opter entre les deux procédés, il convint que dans ce *petit orage*, il y avait eu *forme peut-être un peu rude de l'un* et *susceptibilité de l'autre*.

Ces deux échecs commencèrent à désillusionner le trop confiant chirurgien de Lausanne sur le compte de ses *aimables* confrères de Paris, — véritables enfants de Janus, chez lesquels il faut savoir distinguer l'homme du monde et l'homme de la science ; — l'un vous aborde avec son sourire le plus doux, vous enlace dans ses politesses, et finit par vous énivrer, naïf provincial, en vous servant un hatchis de jolies hyperboles ; — l'autre vous lit plutôt par curiosité que par intérêt, vous analyse à l'aide d'une loupe qui grossit les moindres imperfections dans la forme et empêche d'embrasser l'ensemble, de pénétrer dans le cœur des idées. — Et puis, dans les journaux, quelle coterie, quel *libre échange* de rhubarbe et de séné ! — Vous désirez l'insertion d'un article, vous la sollicitez, qu'importe ? — pour une phrase, un seul mot qui aura déplu à l'un des collaborateurs, votre article est jeté dans la *fosse aux lions*. — Mayor y fut pris avec son franc parler, et il s'en plaignait : « Je vous parie une bouteille de champagne vaudois que la *Gazette médicale* gardera le *tacet* à l'occasion de mon dernier cathétérisme, comme elle l'a fait prudemment au sujet de ma seconde édition, etc.; vous comprenez que je souris de ces petits manéges. » (*Lettre du 3 décembre* 1836.)

Revenu à Lausanne, il était absorbé, nuit et jour, dans les applications qu'il faisait, en chirurgie, du fil de fer et du coton, et quelques mois après, parut un volume à ce sujet : *sur le dessin linéaire en relief et l'usage en chirurgie du fil de fer et du coton.*

L'auteur s'étonne, tout d'abord, de l'injuste oubli dans lequel la dynamique chirurgicale a laissé, jusqu'à lui, *les deux plus puissants leviers de l'industrie humaine* (sic), savoir, le fil de fer et le coton ; — il énumère, dans son introduction, tous les avantages que les malades, les praticiens et les administrateurs pourront retirer des appareils fabriqués avec cette proteïque matière, dont les deux qualités distinctives sont exprimées par cette épigraphe originale : RÉSISTANCE ET MOLLESSE.

Ces appareils sont le bassin pour les sages-femmes, dont j'ai déjà parlé, les attelles-gouttières (1), les membres artificiels, les supports de cataplasme et les brayers. — Mayor devait se tenir à celles de ces applications qui présentent les trois avantages suivants : — utilité, économie et fabrication facile ; — mais son imagination l'emporta trop loin et l'égara, il voulut, avec ce même fil de fer, faire de l'anatomie artificielle ; il voulut aussi, pour les petits garçons, des lettres, des cartes de géographie, des figures de géométrie, des toporama... Et pour les petites filles, des poupées !! — En tout et partout, le précepte de Gaubins est bon à suivre : *meliùs est sistere gradum, quam progredi per tenebras.*

A côté de ces écarts du génie, un lecteur sérieux trouve de quoi se dédommager, en apprenant, dans cet ouvrage, — que les compresses graduées pour maintenir l'écartement inter-osseux dans les fractures de l'avant-bras sont inutiles ; — que la réunion des deux membres abdominaux sur une seule attelle hyponarthécique ou sur le même plan incliné, facilite singulièrement le traitement de la fracture du col du fémur, etc.

(1) Ces attelles en fil de fer étamé viennent d'être adoptées par nos ambulances militaires ; — solides et légères, d'une application facile, elles servent à envelopper et maintenir les membres blessés ou fracturés ; elles peuvent être modifiées instantanément, suivant la forme et le volume du membre. — On les matelasse à l'intérieur avec du coton, et on peut les maintenir en place avec un mouchoir ou deux.

Après cet ouvrage, parut, dans la *Gazette médicale*, son mémoire sur le traitement des luxations spontanées et des inclinaisons latérales du bassin, qui n'était que la conséquence et le complément des principes énoncés, en parlant de la *gouttière bi-femoro-tibiale*, et qui consiste, comme je l'ai vu plusieurs fois, dans son hôpital, à allonger le membre abdominal le plus court, par de DOUCES tractions, et par la position suffisamment prolongée et maintenue, sur cette gouttière, double plan incliné mais *suspendu* des auteurs.

Il faut le proclamer dans cette occasion, c'est le chirurgien de Lausanne qui a publié, le premier, que l'on obtient mieux l'allongement d'un membre, — par la flexion et la traction sur ce double plan incliné, — qu'en le torturant par la vieille *extansion continue*.

Cette méthode nouvelle et facile de traiter les déviations latérales du bassin eut un certain retentissement; son inventeur fut appelé à Mulhouse, pour deux cas très-graves de cette nature et il m'apprit, à son retour, que « sa gouttière avait fait merveille, chez l'une des malades et que le succès avait agréablement surpris les médecins et les intéressés. » (*Lettre du* 3 *janvier* 1837.)

Le docteur Bonnet (de Lyon) alors chirurgien en chef de l'Hôtel-Dieu de cette ville, fit connaître, cette même année, dans le *Journal des connaissances médico-chirurgicales*, un nouveau traitement radical des hernies, imitation du procédé pour la cure des varices, par le passage et le séjour des épingles dans les parois de ces dilatations veineuses. — L'art vétérinaire emploie depuis un temps immémorial un procédé tout semblable, pour guérir les hernies de l'espèce chevaline; — Mayor l'avait appris d'un vétérinaire du canton de Vaud, M. Levrat, et l'avait essayé avec quelque succès, sur l'homme; il s'empressa donc de publier, de son côté, une cure guère plus radicale, en échangeant des épingles contre du fil, du linge contre de l'éponge, en variant la direction de ses moyens de coaptation, et en associant au point de suture qu'il avait emprunté au matelassier, une contention prolongée après la guérison des piqûres.

L'année 1837 fut sédentaire et par conséquent ingrate et ennuyeuse pour cet homme qui malgré sa soixantaine, éprouvait un besoin toujours insatiable d'agir comme de penser; il me fit ses doléances en ces termes : « C'est que, mon cher ami, je me suis *fourré* dans la tête de revoir mes derniers ouvrages, de les amalgamer et d'en former un gros volume; bref, je vais publier une nouvelle édition de mon nouveau système de déligation, avec accompagnement de coton, de fil de fer et de gibbosités. — Vous dire ce que j'ai limé, épluché et rapetassé; et surtout ce que j'ai amendé et simplifié, ce serait vous citer chaque page d'un volumineux travail, etc. — Du reste, je tiens à dire et à redire des vérités et je me suis par ci par là élevé assez haut, pour ne pas regretter mes veilles et mes ennuis; je crois même que vous serez content de mes résolutions et que vous y applaudirez. » — Ailleurs, il ajoute. « Je suis un peu comme vous, sans soutien ni reconfort; il faut que je fasse tout par moi-même. Toutefois, *il faut que cela marche.* » (*Lettre du 21 mars* 1837.)

Rien, selon moi, ne fait plus intimement connaitre un individu que sa correspondance avec ses amis; ces cinq derniers mots trahissent la nature tenace, ardente et confiante en elle-même de Mathias Mayor.

Ce travail prolongé de cabinet, les nuits sans sommeil, lui causèrent des céphalalgies, et connaissant le remède, il fit quelques excursions, d'abord à Aix-en-Savoie, où il ne manqua pas l'occasion de propager ses procédés et ses principes, parmi les quelques confrères qu'il y rencontra; — ensuite, à Neuchâtel, pour prendre part aux réunions de la Société des sciences naturelles helvétiques et enfin, à Genève, à l'époque des travaux de la Société d'utilité publique.

En m'adressant les prémices de sa seconde édition, au mois de décembre, Mayor finissait ainsi sa lettre : « Je suis franc et loyal; je voudrais qu'on le fût aussi avec moi et que des réflexions *approfondies*, de quelque NATURE qu'on veuille les supposer, vinssent mettre enfin la VÉRITÉ dans tout son jour et surtout les faire adopter, *s'il y a lieu*. »

Nobles et sincères paroles!

La *Gazette des hôpitaux* s'exprima, d'une manière assez favorable sur le compte de cette seconde édition : « Ce n'est pas seulement la reproduction d'un livre qui a paru en 1832, mais tous les sujets y sont revus et remaniés avec soin. C'est encore un recueil assez complet des nombreux mémoires publiés, dès lors, par notre auteur, et qu'en retouchant ici, il a pu éclairer des lumières de l'observation et de l'expérience; enfin ce sont des aperçus entièrement nouveaux et des doctrines pleines d'originalité, qui sont mises ici en relief pour la première fois. »

Le chirurgien suisse se posa franchement en réformateur de son art, à dater de cette publication, et il en a supporté les fatigues, les déboires et les tribulations, jusqu'à la fin, sans se décourager, sans *reculer d'une semelle* ; il avait des illusions sur l'esprit de progrès et de justice de ses contemporains et il les conserva. — « Je ne suis pas assez sot pour croire qu'on ne m'attaquera pas, et même avec des personnalités, à l'instar de ce qui court les rues (lettre de Vidal) ; mais je saurai céder à propos ou me défendre ; et la lutte, une fois bien engagée, ne sera pas trop pénible à soutenir (*illusion* !). — D'un côté, seront des phrases, de l'autre des principes et par dessus tout, des juges qui ne se laisseront pas aller aux préventions (*autre illusion* !!), et qui pouvant s'éclairer, voudront prendre part aux débats et prononcer en connaissance de cause (*encore une illusion* !!!). — Ce sera d'autant plus intéressant et facile pour eux, qu'ils n'auront pas besoin de se transporter au centre de grands établissements, et qu'ils pourront suivre, du doigt et de l'œil, tout ce que je leur dirai, sans sortir de chez eux. » (*Lettre du* 10 *décembre* 1837.)

Entre autres nouveautés chirurgicales qui figurent dans cette seconde édition, je citerai les gouttières hypernarthéciques en fil de fer, les liens compressifs des mamelles, les triangles pédieux et jambiers, la mousseline pour le linge fenêtré et pour servir d'enveloppe aux cataplasmes, la pierre à cautère, comme le caustique le plus commode, pour la destruction de certains polypes du nez, le compas à trois branches, pour mensurer les corps arrondis ou saillants, le point du matelassier pour certains becs de lièvre et la déchirure du périné, les principes de l'orthopédie et son mécanisme, réduits à leur plus grande simplicité, etc.

Au sujet de l'orthopédie, puisque j'en parle, Mayor attachait une grande importance à faire prévaloir ses idées trop brutalement radicales ; je les crois fondées en raison et même en dynamique, mais aujourd'hui une réforme ne s'emporte pas d'assaut et il faut parlementer d'autant plus longtemps avec les partisans du *statu quo*, qu'ils sont haut placés par un talent réel et spécial.

Voici, du reste, un échantillon inédit de sa manière de penser et de s'exprimer sur le compte de l'orthopédie moderne.

« Les travaux de MM. Guérin et Bouvier et le rapport de M. Double n'ont pas avancé d'une ligne le traitement des gibbosités. Ils l'ont plutôt embrouillé, et je vous défie, après les avoir médités, d'en faire l'application à la pratique. — Voyez leurs établissements par dessus le marché ! et dites-moi s'il vous sera possible de vous mettre à l'œuvre ? C'est comme s'ils eussent donné un savant traité d'ostéologie et de syndesmologie pour expliquer *ab ovo* le traitement actuel des fractures des extrémités et leur mode de soudure... Quand est-ce que les médecins se constitueront enfin... guérisseurs. » (*Lettre du* 10 *décembre* 1837.)

La fécondité de sa plume qu'il laissait trop *bonnement courir*, lui coûtait cher : il s'en plaignit, dans sa correspondance : « Tous les libraires sont de véritables fripons, me disait-il, et d'une insatiable avidité. » — Il les grondait d'abord et les payait ensuite de la meilleure grâce du monde. — Mayor écrivait pour la gloire et non par spéculation. — Ses ouvrages s'*écoulaient* difficilement, style de libraire, mais il en donnait beaucoup.

Un libraire de Paris fit paraître une contrefaçon de tous ses mémoires, en un seul volume; — Je fus chargé de me concerter avec son dépositaire, pour trouver un expédient, capable de parer au préjudice qu'elle devait lui causer : Cet expédient fut l'appât du bon marché, le rabais, — quatre volume et deux mémoires pour quatre francs ! — Expédient trois fois malencontreux, le rabais est un poison lent, pour les bons comme pour les mauvais livres.

Ce n'était pas tant une perte pécuniaire que le crève-cœur de voir sa prose condamnée aux ciseaux d'un impitoyable arrangeur, qui impressionna l'écrivain : « Le malheureux Germer m'a trompé indignement, il me force à travailler à une édition complète de mes œuvres que j'aurai la précaution de soigner et de remettre à quelque éditeur *bon enfant.* » (*Lettre du* 21 *mars* 1838.)

Mais le temps est le plus émollient des topiques : un mois après, il m'écrivait : « Je n'envisage pas l'action de Germer comme bien noire et j'ai déjà oublié, en faveur de ce qu'elle peut avoir d'utile et d'honorable, ce qui est évidemment contraire à mes intérêts pécuniaires. » (*Lettre du* 7 *avril* 1838.)

J'étais à Paris, lorsqu'il me donna la nouvelle qu'il travaillait à un « grand, vaste et difficile sujet, » il s'agissait de l'*Anthropo-taxidermie*.

Empailler un homme comme un colibri ou comme un

chien de Terre-Neuve, est une idée si *cocasse* qu'elle dut errer, depuis le déluge, cherchant une cervelle assez hospitalière pour la loger; elle rencontra celle de Mathias Mayor et y entra. — Pourquoi et comment? — Je l'ai toujours ignoré; — j'ai su seulement qu'un savant naturaliste, le professeur Agassiz, vint le visiter à Lausanne, pendant qu'il s'amusait à ces *nugæ difficiles* et que, dans l'intention louable de ne pas le désillusionner, il eut la faiblesse de l'encourager par une demi approbation. « — J'ai eu hier la visite de mon neveu Agassiz qui m'a donné la certitude, en voyant mes essais, que rien de pareil encore n'avait été tenté, et il m'a fort encouragé à couler cette affaire à fond. Il a pourtant ajouté que ce ne sera que dans 50 ou 100 ans qu'on l'appréciera et qu'on profitera de mon travail. Je crois qu'après avoir lu mon mémoire et ses nombreuses déductions, il pourra me faire grâce de la moitié. Voilà du moins comme je m'abuse. » (*Lettre du* 19 *mars* 1838.)

Pour expérimenter, il lui manquait des peaux humaines, *nam agitur de pelle humanâ*, des têtes d'adulte avec cheveux et barbe, des têtes de fœtus, etc.; il en demanda à MM. Bonnet et Nichet de Lyon, à M. Pecot de Besançon; — il me pria, pendant mon court séjour à Paris, de consulter au sujet de la taxidermie et de l'art des embaumements, MM. Duméril, Deseimeris, Paul Dubois et Gannal. — « Je n'attends que ces petits renseignements pour publier mon mémoire et faire connaître des idées, des procédés et des faits, auxquels j'attache plus d'importance qu'à *tout* ce que j'ai publié jusqu'ici, et c'est beaucoup dire. » (*Lettre du 3 avril* 1838.) (1).

J ai lu, avec prévention favorable, l'*essai* d'*Antropotaxidermie* qu'il aurait fallu intituler *Cephalo-taxidermie*, puisque le procédé consiste à mouler une tête et à coller sur le plâtre, un morceau de peau humaine, tannée et barbouillée de ceruse et de carmin ; — eh bien, je me demande encore, comment un esprit aussi pénétrant que celui du chirurgien suisse, s'est laissé assez égarer par son imagination, véritable folle du logis, pour conclure que ce procédé « a le grand et tout spécial mérite, de résumer, à lui seul, les avantages réunis de la sculpture et de la peinture, et qu'il est même, sous plusieurs rapports importants, supérieur à ces deux arts. »

Plus tard, j'ai vu des pièces de taxidermie ; — rien n'est plus horrible et repoussant, d'après mes impressions, que la mort ainsi parée avec les drilles de la vie ; — la taxidermie et les embaumements sont et demeureront une protestation insensée contre les lois de la nature. — N'est-il pas plus doux, comme l'a dit le poétique Jules Sandeau, de penser que les êtres qui nous ont été chers, et qui vivent encore dans notre mémoire, font maintenant partie du gazon que nous foulons sous nos pieds, de la fleur que nous allons cueillir, dont nous respirons

(1) Les lignes suivantes, qui terminent la même lettre, expriment l'honorable affection qu'il portait à son correspondant : « Ne craignez pas de mourir en route, pourvu que vous m'apportiez votre tête, je vous ferai passer matériellement à la postérité et je vous rendrai à vos parents et nombreux amis ; mais Dieu sait si, en cette dernière qualité, je ne vous garderais pas toujours avec moi. »

le parfum, que de nous les représenter immobiles et muets comme les figures du salon de Curtius.

Un autre mémoire non moins excentrique, mais dont le but était tout humanitaire et plus réalisable, suivit de près celui que je viens de critiquer, il a pour titre : *sur l'hippophagie en Suisse ou sur l'usage, comme aliment, de la chair de l'espèce chevaline.*

Ce mémoire fut adressé à toutes les sociétés helvétiques d'utilité publique.

Déjà, en 1816, Mathias Mayor avait proposé au conseil d'état de son canton de prendre des mesures propres à favoriser l'usage, comme aliment, de la chair de cheval et il avait offert son bidet, en holocauste du préjugé qui entretient, au sujet de cette chair, la répugnance du public ; — ce pauvre animal devait être publiquement tué, dépécé, préparé sous diverses formes et faire les frais d'un banquet gratuit. — Son offre ne fut pas acceptée.

L'hippophagie présente, entre autres avantages :

1° Celui d'un aliment nouveau, à la portée de tous les consommateurs ;

2° Celui d'améliorer la race chevaline, par la destruction préalable, nécessaire et peu onéreuse de tous les sujets indignes ;

3° Celui d'ôter tout prétexte, aux propriétaires de chevaux tarés, avee vices rédhibitoires, de tromper les acheteurs ;

4° Celui d'éviter au cheval vieux et impotent, les coups et les mauvais traitements d'un propriétaire impitoyable, cupide, qui veut l'exploiter jusqu'à la fin et qui pourra en tirer un parti plus lucratif, en le ménageant et en l'engraissant, comme une vieille vache, pour le rendre apte à la consommation.

Cette thèse est très-soutenable ; — je ne connais pas d'autre objection plus plausible, que la cherté de cette viande, moins délicate, mais aussi saine, aussi alibile et même aussi savoureuse que celle de la race bovine. — Les Tartares, les Kalmouks et les Danois s'en nourrissent ; les restaurateurs de Paris savent la préparer et la faire manger, sous forme de succulents beafstac et les tant fameux saucissons de Boulogne lui doivent leur réputation.

Donc, c'est pure grimace de notre part de nous assimiler le porc et le canard, animaux immondes et de faire fi du noble solipède qui se nourrit d'herbes et d'avoine. — Le temps et la nécessité détruiront ce préjugé ; en voici un exemple tout récent : Depuis le mois d'avril dernier, on a tenté d'introduire la viande de cheval comme nourriture, dans le Hanovre. — Le résultat a été si favorable que dans l'espace de vingt jours, dix chevaux ont été tués et vendus. — On a ainsi gagné 5,000 livres de substance alimentaire ; quelle ressource, pendant la disette actuelle des céréales !

A la fin de la même année, Mayor fit le voyage de Bade et ensuite celui de Fribourg en Brisgaw, afin d'assister aux séances de la société des naturalistes allemands et suisses ; — ce fut à Fribourg qu'il exhiba un échantillon de sa taxidermie humaine, exhibition malencontreuse qui désopila la rate de la grave assemblée.

« C'est une rude tâche que celle d'un réformateur ! »

Ainsi commence l'introduction d'un de ses ouvrages (*la Chirurgie simplifiée*). — Je le crois bien ; il écrivait sans cesser de courir, et il courait de Lausanne en Allemagne, de Lausanne à Paris, et de Paris au Hâvre, où il avait été appelé pour un cas très-grave, et il hantait tous les congrès du continent, sans cesser d'expérimenter, d'opérer, de professer...

« Je viens de passer deux mois à Paris; j'y ai fait et vu bien des choses ; j'allais d'hôpital en hôpital, je suivais les cours, je hantais les conférences, je démontrais à droite et à gauche mes spécialités, dans les amphithéâtres et quatre ou cinq fois chez le docteur Amussat et toujours avec un concours flatteur de confrères et d'élèves. » (*Lettre du 7 septembre* 1839.)

Le voici à Lausanne, vous croyez qu'il vient s'y reposer de sa vie agitée et lassante de la capitale, dont il nous a fait la description ? — Il en a bien le temps, ma foi. — *Deus ! ecce Deus !* la réforme !! — Hier, c'était la réforme dans les procédés; aujourd'hui, il veut réformer les principes. « Je suis à Lausanne et disposé plus que jamais à la polémique. Le dernier n° de la gazette en fait foi, et si Guérin veut admettre quelques autres articles et dont deux lui ont déjà été expédiés, il y en aura assez pour faire ouvrir les yeux à nos grands faiseurs. — Je me suis lancé dans la haute carrière des principes généraux, et il me semble que je ne suis pas trop malheureux, dans cette recherche importante. J'ai d'abord statué sur ceux de la déligation dans le dictionnaire des études médicales ; vous avez pu juger ceux, sur le cathétérisme, dans la *Gazette* du 8 juin, quoiqu'ils fourmillent de fautes d'impression, et j'ai près de cent pages assez bien rédigées, sur les bases fondamentales de la thérapeutique des fractures. » *(Lettre du 5 octobre 1839.)*

Ce mémoire *(Essai sur la thérapeutique générale des fractures)* parut en plusieurs articles, dans la *Gazette des hopitaux*. « Ma prétention hautement affichée, dit l'auteur, de réviser et de *réformer* plus ou moins radicalement tout ce qui concerne la déligation et quelques procédés opératoires en chirurgie, m'oblige de l'asseoir plus fermement encore. » — Suivent cinq propositions fondamentales plus ou moins logiquement agencées, pour démontrer la fausse position de la médecine et de la chirurgie, sous le double rapport de leurs bases et de leurs prétentions mutuelles ; — La nécessité de se défier des doctrines les mieux établies et de les soumettre à un nouvel et libre examen ; — l'état fâcheux, sous le double rapport scientifique et théorique, où se trouve la thérapeutique des fractures et par conséquent la nécessité de la simplifier.

Dans ce but, leur traitement doit comprendre : celui du système osseux et celui des parties molles.

Le premier relève entièrement des lois de la mécanique et le second des secours divers de la médecine et de la chirurgie ; — le danger, pour le membre brisé et pour le malade, vient presque toujours du côté des parties molles.

Hors ce danger et les soins qu'il réclame, il faut maintenir les fragments en rapport et le membre dans une bonne position, à l'aide du moyen le plus simple, le plus léger, le plus commode, le plus sûr, le plus facile, le plus rapide dans son application et offrant le plus de garantie en faveur de la surveillance du mal, d'une plus facile locomotion et d'une gêne moindre des parties molles.

Les flexions judicieuses, aidées de quelques légères tractions directes et d'une bonne position, sont les auxiliaires les plus utiles de tous les agents contentifs et les meilleurs garanties d'une thérapeutique heureuse.

L'appareil dit *inamovible* est le moins apte à remplir toutes les indications précitées.

L'amputation, dans les fractures, est presque toujours indiquée par l'état des parties molles ; les fractures par coup de feu ne font pas exception à cette règle générale.

Telle est la substance de ce mémoire important et qui sera longtemps médité, avec fruit, par les praticiens de bonne volonté.

Presque à la même époque, paraissait, dans la *Gazette médicale de Paris*, un autre mémoire sur un nouveau point de suture pour l'opération du bec de lièvre. — C'est le point du matelassier, à l'aide duquel et mieux que par la suture entortillée, l'opérateur éprouvera moins de difficultés pour rapprocher les lèvres de la plaie et plus de certitude de les maintenir réunies, sans être obligé de recourir à la présence des aiguilles, aux épaisses compresses sur la joue, à un bandage unissant, aux bandelettes agglutinatives et à la fronde.

« J'ai traité de cette manière, dit-il, un enfant de dix-huit mois, qui n'a pas cessé de manger et de boire comme en santé, et qui s'est amusé et a même ri peu d'heures après l'opération. Je m'étais servi de deux boulettes d'éponge pour former mes nœuds, de sorte que ce petit turbulent avait déjà l'air de porter fièrement une blonde moustache, et qu'elle ne lui allait point mal. »

On trouve dans ce mémoire, une série de conseils, précieux de détails, et convergeant tous vers la réussite de ce procédé.

C'est encore, pour l'auteur, une occasion de rappeler et de faire l'application de son précepte : que pour analyser un appareil quelconque et avoir une idée claire et juste de ses exigences, de sa manière d'agir et de son effet, il convient de le formuler avec un instrument intelligent, je veux dire avec les doigts; — il est incontestable que le simple pincement d'une lèvre, avec le bout de deux doigts seulement, indique très-bien tout ce qu'il s'agit de faire et sous quel point de vue, il importe d'envisager la partie purement mécanique du pansement.

Le même procédé opératoire peut s'appliquer aux lésions de la lèvre inférieure et du périné.

Cependant la réputation du chirurgien suisse gagnait du terrain, et son petit hôpital, à cette époque, était devenu le point de mire de tous les médecins en voyage; qui, pour étudier de près l'habile déligateur et ses ingénieux appareils; qui, par curiosité; qui, pour rire de ses *originalités*. — Voici, à l'appui, ce qu'il m'écrivit : « J'ai dans ce moment, à l'hôpital, de quoi faire un cours raisonné de fractures; aussi tous les étrangers qui me visitent (et il y en a beaucoup) sont ébahis et paraissent convaincus. J'ai eu ces jours derniers, des Allemands, des Italiens et le fils de F..., chirurgien en chef de l'Hôtel-Dieu de Rouen. Ce fils qui vient de faire un voyage scientifique en Angleterre et dans toute l'Italie venait avec quelques intentions de persiffler mes moyens et de rire sous cape. Je m'en suis d'abord aperçu, et je me suis amusé à mon tour à tomber à bras raccourci sur toutes les vieilleries encore en usage, et j'ai eu la satisfaction de le mettre avec moi du côté des rieurs. » *(Lettre du 23 octobre 1839.)*

En sortant de son hôpital, Mayor s'esquivait (c'est le mot) pour éviter les clients et il s'enfermait ensuite dans son cabinet. « Je suis dans les *béatitudes* d'un remaniement complet de tous mes mémoires et j'ai profité pour cela, d'un certain entrain et d'un reste de vie, dont j'ai été moi-même surpris. » *(Lettre du 27 juin 1840.)*

Dans la même lettre, il m'annonce l'envoi de son réducteur mécanique des luxations ; « j'en suis tout fier, me dit-il, pauvres chirurgiens d'avoir été 4000 ans, avant d'avoir su deviner la puissance et la commodité du levier du second genre, pour suppléer aux bras indisciplinés et débiles de l'homme ! »

Ce réducteur est, en effet, remarquable par sa commodité et sa force; — s'il était connu, autant qu'il le mérite, tous les praticiens de campagne, à défaut d'aides intelligents, sauraient l'improviser avec deux bâtons à cremaillère et réduiraient plus facilement et plus promptement certaines luxations. — La *Gazette médicale* avait publié la description et le mode d'emploi de cet instrument; son inventeur, pour le mieux faire connaître, le fit lithographier et accompagna le dessin de quelques explications, pour réduire les luxations de l'humérus et du fémur; il décrivit, à la suite, ce qu'il appelait, dans son parler expressif, les *manivelles* de l'humérus et du fémur (1). »

Au mois de décembre de la même année, saison des vendanges et des congrès, notre vieux Simonide recommença, avec un entrain toujours nouveau, sa tournée scientifique ; il assista d'abord au congrès de Besançon et partit immédiatement après pour l'*Adunanza nazionale* de Turin. — Pendant son séjour dans cette agréable ville, il obtint des *succès* et des *jouissances*, et il m'écrivit, au sujet des *scienziati* de la Péninsule : « Ces Italiens sont bons à voir et à connaître ! — On ne sait pas les apprécier en France ; — ils nous devancent sur plusieurs points. » *(Lettre du* 7 *octobre* 1840.)

Il revint à Lausanne, dans les dispositions suivantes : « Me voilà de retour depuis une semaine et de nouveau à mes affaires. — Je mène celles-ci comme je veux, car je n'en fais plus une d'industrie ou d'argent, et, à part mon *cher* hôpital, je ne tiens qu'à fort peu de chose, pratiquement parlant. Mais je rumine d'autant plus PRINCIPES et procédés chirurgicaux et je ne cesse de revoir et de polir tout ce à quoi j'ai pu toucher. » *(Lettre du* 15 *octobre* 1840.)

L'année suivante, il fit son voyage de Paris, au mois

(1) Ce sont deux larges et fortes attelles collatérales, liées sur l'avant-bras et la jambe, de manière à faire corps avec ces membres. — Plus elles dépassent le coude et le genou, la main ou le pied, plus elles agissent avec force sur l'humérus et le fémur, pour rompre ou luxer d'anciennes et fausses articulations, certaines ankiloses, vraies ou fausses, de l'articulation scapulo-humérale.

de mai, pour surveiller l'impression de l'ouvrage qui devait résumer tous les mémoires qu'il avait publiés depuis seize ans. — Le titre en est heureux : *La chirurgie simplifiée ou mémoires pour servir à la réforme et au perfectionnement de la médecine opératoire.* — « Je veux, coûte que coûte me poser en réformateur et bouleverser tout ce qui existe ; plus je vois ce qui se passe dans les hôpitaux et les académies, plus j'y réfléchis, et plus je suis convaincu qu'il est urgent de frapper fort. Je ferai faire des grimaces, mais ça m'est égal, je n'en veux pas démordre. Je suis *solide* sur des principes et je puis tout braver. » *(Lettre du* 8 *mai* 1841.*)*

Avec des dispositions aussi belliqueuses et pendant un séjour de deux mois, Mayor fit douze démonstrations complètes de ses procédés, dans les hôpitaux, à l'Ecole d'Alfort (1), et dans des réunions de savants qu'il traita

(1) Le *Recueil de médecine vétérinaire pratique*, de novembre 1841, contient, à ce sujet, le rapport suivant à M. le ministre de l'agriculture et du commerce, lors de la distribution des prix aux élèves de l'Ecole Royale d'Alfort, le 9 octobre 1841.

« Le bandage conseillé en médecine humaine, par M. le professeur Mayor, de Lausanne, a été essayé cette année aux hôpitaux et aux cours de chirurgie pratique. Cet appareil, qui consiste en une toile coupée en triangle ou pliée en cravate, a produit d'assez bons résultats, soit comme bandage compressif sur les dilatations articulaires, les engorgements des régions inférieures des membres ; soit pour remplacer le ruban dans le pansement du javart cartilagineux, des seimes et autres opérations de pied. Moins coûteux et d'un plus facile emploi que le ruban ; s'appliquant exactement

de *routiniers*, les défiant tous de faire aussi bien que lui, quoiqu'il n'eût à sa disposition que deux mauvais fichus d'indienne. — Son défi ne fut pas accepté; il se fit quelques prosélytes; les linges triangulaires s'impatronisèrent dans le service même du professeur Gerdy, à l'hôpital des Invalides, et Lisfranc déclara publiquement qu'il admettait le système déligatoire du chirurgien de Lausanne.

A Versailles, il fit les frais de deux brillantes séances où s'étaient rendus avec empressement des médecins de Corbeil, de Tours et d'Orléans. — Dans le même temps, il apprit avec un bonheur inénarrable que ses ouvrages avaient traversé l'Océan; qu'il était lu, apprécié dans l'Amérique méridionale, et que la plupart de ses appareils avaient été adoptés par quelques chirurgiens des États-Unis du nord. — Cette fois il reprit le chemin de Lausanne, enchanté de tous ces succès, s'en promettant bien d'autres; il rapportait avec lui deux gros volumes

sur les parties opérées ou à comprimer; se conservant longtemps en place sans se déranger; tels sont les avantages qui ont été reconnus dans l'emploi de ce nouveau bandage qui, à juste titre, mérite d'être introduit dans la pratique vétérinaire. On sait que l'étoupe ou filasse est la matière généralement employée pour le pansement des plaies; on sait aussi que cette matière ne se rencontre pas facilement partout et que souvent elle coûte assez cher. Pour remédier à ces inconvénients, MM. Delafond et Prudhomme ont fait l'essai de la bourre et de la ouate de coton, conseillées depuis longtemps en médecine humaine et presque généralement abandonnées, pour remplacer les étoupes dans le pansement des plaies. Des expériences seront continuées. »

de chirurgie simplifiée dont je vais rapidement analyser le contenu.

De prime abord j'avais cru que l'auteur s'était contenté de faire réimprimer ses précédentes publications à la suite les unes des autres, en y intercalant toutefois quelques pages inédites. — Jugement trois fois téméraire ! il y a des chapitres textuellement conservés, mais l'ensemble respire un certain air de nouveauté ; la plupart des procédés ont gagné en perfection ; quelques-uns sont encore inconnus, et l'auteur a essayé de substituer le culte des principes à celui des noms propres passés et présents ; de séparer, quant aux attributs, la chirurgie de la médecine, et de revendiquer les droits de l'organisme vivant, dans la pratique des opérations. — Il prétend même que la plupart des assertions de nos cliniciens et professeurs ne concernent que des *exceptions*, et que la règle générale est presque toujours dans les contraires admis ! — « Croyez-vous, m'écrivit-il à ce sujet, que je n'ai pas perdu la tête et encore moins cette vigueur de conception qui me fait voir les choses du bon côté. — Mon hôpital est d'ailleurs là, et ne craignez pas que j'avance rien qui n'ait été examiné et sanctionné au lit des malades. — A vrai dire cependant, je fais peu de cas, *actuellement*, des histoires, observations et expériences *chirurgicales* ; je suis arrivé à cette hauteur de vue, que je puis d'avance apprécier tout ce qui se fait en chirurgie, du calme plat de mon cabinet et à l'aide des lois inflexibles de la MÉCANIQUE. — La chirurgie, voyez-vous, n'est que cette première *appliquée* à l'art de guérir, et pas autre chose. — Vous rugissez comme tout le monde, du reste ! Eh bien ! citez-moi un *seul* cas qui fasse exception à cette grande et belle règle ! » (*Lettre du 7 août* 1841.)

Cette grande et belle règle, que Bacon aurait appelée une *vierge féconde*, méritait les deux premiers chapitres de son livre, pour y développer la plupart des conséquences pratiques qui en découlent.

Plusieurs journaux du temps prétendirent, à ce propos, que Mayor ravalait l'art, en voulant confier sa pratique et son enseignement à un *vil artisan*.

Dernièrement encore, M. Malgaigne a dit, en parlant des qualités du chirurgien : « Depuis Celse, ce que l'on exige surtout du chirurgien, ce sont les qualités physiques : on veut qu'il soit jeune, adroit, ambidextre. M. Mayor (de Lausanne) l'envoie étudier chez les menuisiers et les charpentiers; en un mot, on fait de la chirurgie un art mécanique, *quod in therapeiâ mecanicum*, suivant l'expression de Richerand (1). »

Evidemment, M. Malgaigne n'a pas compris, ou plutôt il n'a pas voulu comprendre la haute portée de la définition donnée par le chirurgien de Lausanne. Il dit (page 122) : « Les bases de la thérapeutique chirurgicale sont fautives et à remanier, parce qu'on l'a dérivée, comme la médecine proprement dite, de la simple observation.

« Elle relève, au contraire, des sciences exactes par son association intime avec la mécanique, qui en est un des éléments obligés.

« Celle-ci constitue avec la pathologie, l'anatomie et

(1) Feuilleton de la *Gazette des hôpitaux* du 15 mai 1847.

la physiologie, les quatre bases fondamentales de toute opération quelconque.

« La médecine opératoire est toute là, toujours là et rien que là. »

Voilà, je le pense, un principe catégoriquement formulé, et si nos grands chirurgiens de la métropole n'ont pas encore l'air de le comprendre, c'est par un sentiment de pudeur bien entendu ; on rougirait d'avouer, en effet, que la trop grande simplicité d'un procédé opératoire pourrait le populariser, et enlever ainsi à ceux qui en conservent le monopole de par l'Université et la vogue, l'occasion de faire à la fois leur fortune et leur réputation.

Conséquent avec ce même principe, Mayor établit les caractères essentiellement différentiels de la médecine et de la chirurgie, en disant que la médecine proprement dite est une science d'observation, une réminiscence plus ou moins fidèle, un rapprochement plus ou moins logique de faits et de cures analogues ; tandis que la chirurgie, *chirurgia* (opération de la main), est une, exacte, et sa thérapeutique doit être basée sur cette partie des mathématiques mixtes qui s'adressent à la connaissance et à l'application des lois et des effets du mouvement, de l'équilibre, des forces mouvantes, etc. — Il fait la part de chacune de ces deux sœurs qui doivent s'entendre, se consulter et agir ensemble ou séparément au lit du même malade, d'un malade, par exemple, qu'il faut saigner ; — et les indications médicales de cette opération, son manuel, ses lois hydrodynamiques, en vertu desquelles il faut l'exécuter, la modifier, servent à la démonstration de ses raisonnements.

Certes, la différence est grande entre une semblable doctrine, application juste et rigoureuse des lois exposées dans la première partie de l'ouvrage de Borelli (*de motu animalium*), à l'art de redresser une déviation, de réduire un os luxé, de dilater un canal trop étroit, etc., et cette autre doctrine du dernier siècle, son homonyme, qui fut professée par Bellini, Pitcairn, par le grand Boerhaave même, prétendant ajuster la théorie hypothétique du fondateur de l'école iatro-mathématique à la connaissance intime de nos organes en jeu, au traitement des maladies internes, voire même aux phénomènes physiologiques qu'on ne peut expliquer autrement que par la *force vitale*.

La mécanique étant ou devenant l'âme de cette partie de l'art de guérir que Dujardin a qualifiée d'*opérative*, de *réelle*, il en résultera des réformes plus faciles à prévoir, à réaliser; — des règles plus invariables, — des manœuvres mieux entendues, — des appareils et des instruments plus perfectionnés, — des attributions plus distinctes, — et par conséquent moins d'empiètements réciproques, soit dans l'enseignement, soit dans la pratique; il en résultera un moyen presque infaillible, une véritable pierre de touche, à l'aide de laquelle nous pourrons dorénavant apprécier la valeur absolue ou relative de tant de mirifiques découvertes et de cures toujours radicales *sur le papier*, avec lesquelles, Paris surtout, ce grand magasin de bric-à-brac médico-chirurgical, amuse ou abuse les praticiens de la province.

Tout ce qu'a dit Mayor sur la certitude de la chirurgie, sa préexistence ou sa prééminence sur la médecine, avait été déjà dit par Hippocrate (*de Officio medici*), et par Celse, dans la préface de son septième livre; — il importe donc d'intervertir les rôles que, jusqu'à présent, les médecins et les chirurgiens semblent s'être distribués, les premiers étant plus sobres de *principes* et s'attachant davantage aux résultats manifestes de l'expérience et de l'observation; et les seconds en renonçant à ces mêmes principes et en n'écoutant l'expérience et l'observation qu'autant qu'elles ne seront pas en opposition trop formelle avec les bases fondamentales et *mécaniques* de leur art.

Suivent, dans un autre chapitre, les prolégomènes de cette nouvelle thérapeutique chirurgicale et son application à quelques procédés opératoires particuliers à l'auteur. — L'anatomie, la physiologie et la pathologie sont le piédestal, le trépied de cette thérapeutique manuelle (je le répète pour M. Malgaigne), d'où il conclut très-sagement que le meilleur opérateur est celui qui sait combiner les inépuisables ressources de la mécanique avec le plus d'adresse et d'intelligence médicale.

En parlant de réforme à opérer, Mayor décourage ceux qui lisent son troisième chapitre, dominés, comme lui, par une *manie révolutionnaire*. — Nos princes du bistouri, à le croire, sont trop affairés pour réfléchir à ce qu'ils disent, à ce qu'ils font, à ce qu'ils enseignent, pour mieux faire et mieux dire; — ils sont trop préoccupés de leurs propres intérêts, pour surveiller, dans leur cabinet, ceux de la science qui leur sont confiés, *crumenas diligunt plus quàm camœnas*. — D'un autre côté, les prolétaires de la pratique n'osent pas répéter après Galilée :

et cependant il tourne, parce que ceux qui sont mieux placés pour voir et qui ne voient pas, s'en offusquent et ne les croient pas.

A moins de génie, dit Mayor, il faut trente trois conditions, pour se poser en réformateur et, comme tel, pouvoir affronter les dangers de la position. — Heureusement que l'auteur, avec une imagination qui bouillonnait encore dans un cratère couvert de neige, exagéra les difficultés d'une position qui lui était personnelle et qu'il mérita plus par la *forme* que par le *fonds* de ses conceptions généralement ingénieuses, hardies, originales même, telles que celles qu'il développe, plus loin, au sujet du point d'appui en chirurgie et de la main comme type des appareils.

On trouve, dans le même ouvrage, un point nouveau pour les hernies, — un moyen péremptoire pour mettre à néant, comme il dit, toutes les vieilleries qui ont précédé son système de déligation, — un essai des opérations sous l'eau qui ne fut pas heureux, — enfin le traitement des fractures plus complet et surtout mieux étudié.

La ville de Lyon eut aussi son Congrès scientifique; outre l'attrait de pouvoir démontrer son système à un public compétent et bien disposé, Mayor devait y retrouver des amis et des confrères déjà connus, il s'empressa de s'y rendre et j'eus l'honneur et le plaisir de lui rendre son hospitalité. — Il se levait de très-bonne heure, pour préparer, dans sa chambre, les démonstrations cliniques qu'il devait faire soit à l'Hôtel-Dieu, soit à l'École vétérinaire, et il suivait très-ponctuellement les travaux de plusieurs sections. — A l'issue de la séance générale, nous dinions ensemble et nous dissertions, comme les héros de Plutarque, *inter pocula...* — Encore à huit heures du soir, il assistait aux séances supplémentaires. Le scrutin l'avait désigné Vice-président de la section des sciences médicales, comme à Besançon ; — le vieux chirurgien fut très-sensible à ce témoignage public d'estime et de vénération de la part de ses pairs.

En quittant Lyon, Mayor partit, avec son bagage déligatoire, pour Marseille, Livourne, se rendant au Congrès italien qui se tenait, cette année là, à Florence. « Je suis en train de courir, et de réaliser mon projet de jeune homme : tu travailleras pendant 40 ans, puis tu jouiras comme tu pourras. « *(Lettre du* 8 *mai* 1841.*)*

Quelques mois après et sans s'inquiéter de sa soixantaine, Mayor se remaria avec Mlle Louise Helmold ; son isolement lui pesait trop, après cinq ans de veuvage. — Il eut le bonheur de rencontrer une femme qui sut apprécier les excellentes qualités de son cœur ; — assez instruite pour comprendre tout l'honneur qu'il y avait à porter un nom aussi célèbre, et qui eut assez d'amabilité et d'affection doucement réfléchie, pour semer sur le peu de chemin qui lui restait à parcourir dans la vie, les fleurs du *famillisme*.

En m'annonçant son mariage, il me dit : « Le culte matrimonial n'empêchera pas, du reste, celui que j'ai voué à la science et surtout aux progrès *routiniofuges*. » *(Lettre du* 19 *décembre* 1841.*)*

Et à l'appui, il m'apprit qu'il s'était chargé, de nouveau, d'un cours d'accouchement et de la réimpression de son manuel à l'usage des sages-femmes, et il m'adressa une brochure : *Traitement accéléré des ankiloses et recueil de visions chirurgicales*, etc. — Quelques mots sur cette nouveauté opératoire.

Un jeune médecin de Pontarlier, M. Louvrier, avait imaginé une machine pour opérer brusquement le redressement de la jambe, dans les ankiloses angulaires du genou ; — machine d'un puissant effet, — mais que l'Académie royale de médecine refusa d'approuver, à cause des dangers qui peuvent résulter de son emploi généralisé et par trop douloureux. — Mayor osa protester publiquement contre le vote unanime de cette société savante et en appela à la décision des membres du Congrès scientifique de Lyon. — Son plaidoyer fut médiocrement goûté, ce dont il se consola, avec sa philosophie ordinaire. « On pourra supposer peut-être, dit-il, que je suis fort à plaindre, inconsolable de me trouver en désaccord aussi formel avec le monde chirurgical presque tout entier ; il n'en est rien, cependant, car outre que déjà depuis un très-grand nombre d'années, je vis, presque habituellement, dans un état de parfait isolement, dans une atmosphère de constante opposition aux idées reçues, et que je trouve ce mode de vivre assez piquant, j'éprouve encore tous les jours et par anticipation, combien il est doux, combien il est honorable d'avoir eu raison contre chacun, et devancé par là, la prévision de la plupart de ces hommes illustres de mon temps, dans les questions les plus graves de la pratique de notre art. »

C'est pourquoi un semblable échec, mérité ou non, n'impressionna que faiblement cet invulnérable champion des idées nouvelles, quand il ajoutait foi en leur avenir et comme il sacrifiait en toute occurrence, à la simplicité, sa *patronne favorite et chérie*, il publia, à la suite de son mémoire, la description d'une machine plus simple que celle du Docteur Louvrier, propre également au traitement accéléré des ankiloses du genou et du coude et qui n'est autre chose que l'application du levier du second genre sur le membre malade.

La troisième partie de cette brochure est la plus piquante. — C'est une série de *j'ai vu, j'ai vu*... répétés 190 fois, qui fait voir tous les procédés empiriques, absurdes, barbares même (d'après l'auteur, bien entendu) qui ont cours dans nos hôpitaux, à l'abri d'un nom connu.

Au sujet de cette brochure, je m'étais permis d'adresser quelques observations à l'auteur, dans le but de modérer sa fougue d'innovation et de le préserver de toute fausse route; sa réponse mérite d'être rapportée : « Bien obligé, mon cher ami, de vos peines et de vos avis. Quand je me suis lancé dans la carrière des visions, des réformes et des principes, je savais bien que je touchais à l'arche sainte et je m'en suis suffisamment expliqué dans plus d'un endroit de ma chirurgie simplifiée ou *raisonnée*. — Je suis cuirassé contre les persifflages, les lazzis, les grosses injures même et les personnalités; il y a plus, *j'en ris et je n'en veux nullement à leurs auteurs*. Mais si l'on veux m'attaquer par le raisonnement et sérieusement, je ne reculerais pas d'une semelle et je me défendrais, *unguibus et rostro*. » *(Lettre du* 15 *juin* 1842).

En attendant une attaque sérieuse, il continuait à se livrer, avec la même ardeur, aux travaux de cabinet ;

élaborant de nouveaux mémoires, pour être lus aux Congrès de Mayence, de Strasbourg et d'Altorf. « Vous comprenez que je ne veux pas me présenter tout-à-fait les mains vides, dans ces divers lieux. » *(Lettre du 14 juillet 1842.)* — Il n'aurait pas pu, comme cela se pratique ordinairement, se claquemurer dans une chambre, la plume à la main et le *cul sur selle*, comme disait Mme de Sévigné ; oh non, il avait trop besoin de mouvement, il était forcé, pour sa santé, de fatiguer en même temps son corps et son esprit. — « Vous pourriez faire comme moi ; ayez un petit véhicule, faites-vous conduire par un gamin, dont vous pourrez faire un factotum et même un copiste et occupez-vous de lecture et d'écriture, de notes au moins, pendant qu'il vous conduira d'un malade à un autre. » *(Lettre du 29 août 1842.)*

Il s'était donc habitué à écrire, avec un crayon, tout en cheminant dans son cabriolet ; — il composait même, alors, avec plus de facilité comme Montesquieu ; aussi faisait-il quelquefois atteler et lorsque son domestique lui demandait où il devait le conduire, sa réponse était toute prête : « Où il vous plaira. »

C'est ainsi qu'il composa son mémoire sur les caractères différentiels de la médecine et de la chirurgie et sur les avantages de cette distinction, qu'il lut au Congrès de Strasbourg et dans lequel il s'appliqua à démontrer que tout ce qu'on a dit en faveur des faits, de leur influence et de leur absolue nécessité en thérapeutique, ne peut concerner que la médecine proprement dite.

Quelque temps après, la *Revue des spécialités* publia un article : DES FAITS EN MÉDECINE, ou la valeur des faits est contestée à la médecine même, parce que l'on confond, suivant l'auteur, la connaissance des maladies et l'art de les traiter convenablement. — Cette assertion n'est pas dénuée de fondement, mais elle fut présentée, d'une manière trop absolue; — c'était un péché d'habitude chez Mayor.

Vinrent ensuite et successivement un petit travail sur les cautérisations avec les acides, dont il me parut très-satisfait et plusieurs autres articles en vue de simplifier les manœuvres obstétricales, qui parurent dans la *Lancette*, la *Gazette médicale de Paris* et la *Gazette Suisse de Médecine*; — c'est dans ce dernier journal qu'il fit connaître son pessaire *à anse*, si commode, quand il s'agit de l'introduire ou de le retirer de l'organe.

L'année 1843 ne fut pas heureuse en inspirations, pour le Réformateur de Lausanne; — il assimila le chirurgien au boucher, en exhumant, des bouquins du 14e siècle, un procédé d'amputation, qu'il nomma *tachytomie* ou l'art de couper rapidement.

Et au sujet de l'expérience, qu'il traitait de bégueule, il composa une longue et diffuse diatribe, dont il sera parlé.

Je demande grâce pour son amputation tachitomique; elle exprime, d'une façon trop vulgaire, une grande pensée d'humanité. — « Mettons-nous à la place des malheureux que nous traitons, disait-il; » et il ne trouva rien de mieux, pour leur éviter la douleur jusqu'alors inséparable d'une mutilation chirurgicale et qui est en raison inverse de sa durée, que de couper un membre, d'un seul et même coup de hache ou de sécateur.

Toute amputation, d'après son procédé, se compose de trois temps : 1° formation préalable d'un lambeau sémilunaire, propre à recouvrir le moignon ; 2° placement du tachitome au niveau de cette pièce de peau ; 3° mise en jeu de l'instrument, par une percussion forte et subite.

La section des os et surtout des os cylindriques, autrement qu'avec la scie, constitue le point le plus difficile à justifier de la tachytomie, à raison de la nature trop friable de cet organe.

Pour ce grave motif, la tachytomie ne peut s'appliquer qu'à l'amputation des doigts, des orteils, de la machoire inférieure, de la clavicule, des côtes et du pénis.

Pendant que les graves journaux de la science s'évertuaient à ridiculiser des efforts aussi louables et propres à ouvrir une nouvelle carrière à la doctrine encore à formuler des amputations, les membres du Congrès scientifique d'Angers écoutaient, avec faveur, la communication du chirurgien suisse ; elle fut insérée dans le compte rendu des séances. — Un médecin distingué de cette ville, le docteur Ouvrard dit, à ce sujet, que la tachytomie avait un défaut très-grand et qui l'empêcherait de faire fortune, pendant longtemps, celui d'être un procédé trop simple, pour les habiles de la profession.

Dans ses perpétuelles discussions, Mayor rencontra plus d'un récalcitrant qui lui objecta l'*expérience*. — Il prit en haine « cette perfide et audacieuse déesse des temporiseurs, des conservateurs *bornes* et bornés, des routiniers quand même, etc., etc. » ; il voulut la démasquer et, dans la préface qui précède cette très-curieuse Philippique, intitulée l'EXPÉRIENCE ; il va jusqu'à dire, avec la conviction profonde d'être utile, « qu'elle a été et qu'elle est encore le plus puissant ennemi des innovations et l'obstacle le plus monstrueux *(sic)* aux progrès des sciences, des arts, des lettres et des intérêts les plus chers à l'humanité. »

« Peu m'importe, dit-il, qu'on m'accuse de mettre ainsi le sceau à la sentence d'ineptie et d'égarements que le journalisme et maints savants confrères se sont plu à prononcer contre moi ; — il est, quelque part, un tribunal d'appel et de cassation. »

Ce mémoire, le plus excentrique de tous ceux qu'il avait déjà publié, fut lu à la Société helvétique des sciences naturelles, au Congrès d'Angers et plus tard, publié dans la *Gazette médicale de Milan*, où, d'après ce que lui écrivit son rédacteur, il avait fait *sensation*. — Mayor prit le mot pour un compliment.....

Je le dis comme je le pense, ce mémoire n'est qu'une vaine querelle de mots, *nebulæ per inane volantes*; l'auteur admet le fait et l'observation, il se soumet à l'autorité *des expériences* et non *de l'expérience*, qui, selon ses idées, n'est que le synonyme de routine.

Il avait oublié ce mot si vrai de Platon : toute science n'est que réminiscence...

Après le Congrès d'Angers, Mayor alla visiter Nantes, Bruxelles et revint en Suisse, en suivant, à petites journées les bords du Rhin. — En dépit des années qui s'accumulaient sur son chef chauve et blanchi, cet étonnant vieillard semblait remonter la vie ; — il était, au commencement de 1844, tout content de lui, tout sémillant, et il m'écrivait : « non seulement je vis et très-heureusement, mais avec toute la vivacité et le zèle pour notre noble profession. Jamais je n'ai été aussi productif et dans le bon genre (simplicité, pratique et principes) je tiens ces trois choses par le bon bout et je les fais *mousser* très-utilement. J'ai même à force de barbouiller du papier, acquis un peu plus de facilité et de plaisir à m'exprimer. Un mémoire *contre* l'expérience, *pour* la chirurgie pure et en faveur de la tachytomie, n'a pas plutôt vu le jour, que j'en ai fabriqué un sur les amputations *inter articulaires*, sur les pansements imperméables, sur ceux avec des *linges amidonnés*, sur la torsion des polypes utérins, au lieu de leur excision ou ligature, sur une rétroversion extraordinaire, etc. » *(Lettre du 27 janvier 1844.)*

Au mois de juillet, il quitta la plume pour le baton de touriste ; il s'achemina , à travers monts et vallées, jusques à Coire, dans les Grisons, aux sources du Rhin, pour assister au Congrès des Suisses et il en prit occasion de visiter quelques autres parties de la Suisse qu'il ne connaissait pas.

Rendez-vous était donné à Lyon, dans le mois de septembre, pour nous embarquer ensemble sur le Rhône et nous rendre au Congrès de Nîmes, lequel, s'il ne fut pas aussi intéressant qu'il aurait pu être, sous le rapport scientifique, nous dédommagea de ce mécompte, par le plaisir d'y rencontrer deux amis communs, le professeur Bertini de Turin et le zélé docteur Roux de Marseille, et de faire connaissance avec les richesses Romaines de cette chaude et riante contrée. — Ce fut là notre dernière rencontre, Mayor s'embarqua à Marseille, pour assister aux somptueuses fêtes du Congrès de Milan et visiter ensuite Gênes et la fertile Lombardie; moi, je revins dans les montagnes du Lyonnais, où m'attendait la vie obscure mais méritante de médecin de campagne.

Son quartier d'hiver, à Lausanne, fut employé à composer un petit ouvrage : *La médecine et la chirurgie populaire, en rapport avec l'état actuel de ces sciences et de la civilisation.* — « Ce travail, *si je ne m'abuse,* excitera la curiosité et l'intérêt et sera très-utile même aux médecins et aux chirurgiens. » (*Lettre du* 14 *mars* 1845.)

Après l'avoir lu, j'eus le courage de lui répondre ; « *vous vous abusez.* » — Ce livre fut, en effet, pour tous ses lecteurs compétents et sérieux, une véritable déception ; il ne répond ni à son beau titre ni à la réputation encore plus belle de son auteur. — Son analyse, du reste, va justifier la sévérité de mon jugement.

Il est certain, dit-il dans sa préface, que si la médecine sans médecin est une œuvre ardue, difficile à établir et dont la pratique exige beaucoup de circonspection, pour assez peu de bons résultats ; la chirurgie sans chirurgien est, au contraire, facile à enseigner et à saisir, ses règles sont accessibles au plus simple bon sens, et ses préceptes sont d'une application aussi sûre qu'heureuse et fréquente.

La médecine, pour être mise à la disposition du peuple, doit être essentiellement *préventive* et presque entièrement négative (*page* 8).

Les conseils généraux sur le régime, dans l'état de santé et au début d'une indisposition ou d'une maladie, sont empreints de son stoïcisme personnel et ne peuvent pas être du goût de tout le monde.

Ses deux grands moyens préventifs, sont la diète et la bonne eau fraîche.

La médication *expectante* est celle qu'il préfère, parce qu'il croit fermement à la force médicatrice de la nature ; — la médication *anti-phlogistique* (saignée et sangsues) lui parait très-utile, employée avec précaution et sagesse ; — La médication *evacuante* (vomitifs et purgatifs) est une des armes les plus précieuses du praticien, mais le public en abuse ; — la médication *révulsive* qui déplace un mal et le pousse du dedans vers ou sur la peau, est des plus efficaces et c'est pour l'auteur une belle occasion de recommander l'*eau bouillante* et son *marteau*.

La médication nouvelle par l'eau froide, qu'on ne peut suivre que dans un établissement hydrosudothérapique bien organisé, situé avantageusement, et si possible, dans les montagnes, devait sympathiser avec le caractère et les vues médicales de Mayor ; il l'admet.

Il admet également les médications *nationales*, c'est-à-dire les nuances thérapeutiques, diététiques même qu'exige la différence de constitution d'un habitant du Midi et d'un Lapon ; — ce sujet pouvait lui fournir de très-utiles recommandations, de par la médecine populaire ; au lieu de ça, l'auteur semble avoir oublié son sujet, pour vaguer, à travers la religion ou la politique. — Au sujet de la médecine *propre à chaque culte* (que je n'admets pas) il dit que « le sol religieux est un pays perdu pour les *guérisseurs* ; car il ne s'y trouve guère que des *incurables*. — Mayor appartenait à la religion réformée ;

c'était froisser ou les convenances ou la tolérance en matière de foi.

Le chapitre qui a pour titre, *Traitement de quelques affections graves et déterminées*, n'est pas à la hauteur des connaissances médicales les plus courantes.

Il faut souvent, en médecine pratique, comme le disait Tronchain, *oser* ne rien faire ; — pourtant, quand l'indication est précise, impérieuse même, il faut *oser* faire ; Mayor n'*osa* pas, c'est un reproche à lui faire.

Comme beaucoup d'autres grands chirurgiens, il eut contre la médecine d'injustes préventions ; — il en faisait un art purement conjectural, complice du charlatanisme, et ses plaisanteries, à ce grave sujet, méritent un blâme des plus sévères. — Ce scepticisme mal caché influa, à son insu, sur sa conduite clinique ; il étudiait trop superficiellement le côté médical d'une opération, et il put se trouver ainsi dans l'impossibilité d'en connaître les indications et d'y satisfaire. — Il y a trois temps en chirurgie, avant, pendant et après ; — le premier temps exige peu, très-souvent un accident le supprime et fait passer outre ; — le second temps s'effectue avec une main sûre et légère ; — le troisième temps réclame une connaissance plus approfondie qu'on ne le pense des lois de la réaction vitale, une attention de toutes les heures, de la douceur, de la patience, de la fermeté, et une dose intarissable de sensibilité. — « Sans doute elle est précieuse, dit Marc-Antoine Petit, cette partie de l'art qui juge les maladies par les altérations des formes, et qui, pour les réparer, ne demande que l'adresse d'une main ; mais celle qui les reconnaît dans la lésion des fonctions et la naissance des phénomènes, celle qui, pour la combattre avec succès, doit se mettre en rapport avec le principe de vie qui la dirige et en suivre les mouvements; cette partie de l'art n'est point conjecturale, et a, comme la première, ses certitudes et son toucher. »

Ce fut dans le courant de la même année (1845) que des troubles politiques graves éclatèrent en Suisse, et particulièrement dans le canton de Vaud. — On devine d'avance que le vieux Mayor s'était enrégimenté dans le parti de la *jeune Suisse;* il voulait le progrès en tout et partout. — Son penchant pour la réforme lui fit souvent voir, dans la sphère des questions politico-sociales, le progrès là où les hommes calmes et réfléchis ne voyaient que des théories impraticables, destinées seulement à déguiser l'intérêt personnel et les petites ambitions. — Il eut donc plus d'un mécompte à ce sujet, ce loyal enfant de Guillaume Tell, mais la science, en amie véritable, vint à son secours et le consola. — *Tu solatia præbes,* a dit le poète Ovide. — Il y a plus, son goût pour l'étude le retint dans son cabinet et le préserva des dangers auxquels s'exposent les citoyens courageux et dévoués, en temps de guerre civile. — Comme un autre Archimède, le bruit des combats, les coups de fusil n'étaient pas capables de le distraire au milieu de ses élucubrations. — « Quant à nos troubles politiques, je n'en suis ni surpris ni inquiet; si bien que c'est au milieu de nos révolutions *radicales* que j'ai composé les phrases les plus gaies de mon Manuel. — Nous avons cependant été sur le point de nous égorger dans les rues de Lausanne; moi, dans les idées du mouvement, et *tous* les miens, dans le camp opposé et avec la majorité gouvernementale. » (*Lettre du* 14 *mars* 1845.)

Partisan zélé de toutes les libertés, il montra l'indépendance de son caractère en prenant publiquement la défense de la liberté religieuse, alors qu'elle était peu comprise et éminemment impopulaire. — Quelques phrases qui, dans les derniers jours de la vie de ce vieillard, ont pu échapper à un moral déjà affaibli, furent, *après sa mort,* indélicatement exploitées dans un but politique ; Mathias Mayor n'était plus : on le savait... — S'il eut vécu, il eut, sans aucun doute, énergiquement protesté contre la solidarité qu'on voulait indirectement lui faire partager, au sujet d'actes qui eurent pour conséquence le sacrifice d'une liberté dont il s'était montré le défenseur. — Triste chose que les passions humaines, elles ne respectent pas même la cendre des morts !

Fidèle à ses habitudes, il passa les Alpes encore une fois, s'arrêta quelques jours à Rome et se rendit au Congrès de Naples.

Plusieurs médecins le remerciaient pour la démonstration qu'il venait de leur faire de ses appareils, à l'hôpital *del Santo Spirito,* près du Vatican. — « Vous allez donc en faire usage, leur dit-il ? — Oh ! Monsieur, ce n'est pas à Rome qu'on peut accueillir les innovations ! » — Par Rome, dit Mayor, ils entendaient tous les *grands* centres qu'exploitent les *grands* Chirurgiens.

Après la publication de son indigne Manuel, Mayor s'occupa à *remanier* (c'était son mot) quelques Mémoires déjà parus dans les journaux, et à les réunir en un seul volume, à côté d'autres encore inédits, sous le titre d'EXCENTRICITÉS CHIRURGICALES. — Il m'écrivit en me l'envoyant : « Je vous recommande ce livre, malgré ses nombreux défauts, en votre qualité de praticien. — *Experto crede Roberto.* — Ma pratique nosocomiale est calquée tout-à-fait sur les bases ou principes que vous trouverez dans cette série de Mémoires, et je m'en trouve parfaitement bien. » (*Lettre du* 14 *mai* 1845.)

La plupart des procédés nouveaux qui figurent dans ce recueil ont fait aujourd'hui leur preuve; — je vais m'expliquer sur leur valeur respective.

1° Les *pansements imperméables* ont déjà cours dans plusieurs hôpitaux, dans les armées, et seront adoptés, j'en suis sûr, par notre administration militaire, comme les *attelles métalliques* du même auteur. — Or, ce pansement dit *imperméable* consiste à recouvrir une surface dénudée quelconque, plaie ou ulcère simple, avec une toile imperméable (1), et à appliquer dessus un peu de coton qu'on presse convenablement avec un mouchoir, pour forcer l'air et le pus à s'éloigner de la surface

(1) La toile ou le calicot, à tissu très-serré, imprégné plusieurs fois avec de l'huile de lin siccative, à la température de l'eau bouillante, devient imperméable à l'eau et même à l'air. — M. Mayor fils, auquel on doit ce procédé, s'en sert pour confectionner son ingénieux appareil de transnatation et de sauvetage (nacelle de poche). — Avec ce même tissu, moins cher et plus solide que le caoutchouc, et résistant mieux que lui à la chaleur, on peut fabriquer des blouses, des surtouts à l'usage des pauvres, des ouvriers qui travaillent en plein air, des militaires et des voyageurs; — il revient à 90 centimes le mètre carré.

malade. — Si la plaie est sensible, il faut la recouvrir d'un morceau d'ouate cératée. — Rien de plus rapide, de plus aisé et de plus économique que ce mode de pansement; Mayor a formulé, en six mots, son action dynamothérapeutique : *absorption et imbibition, — expulsion et expression.*

2° Les *liens gommés*, comme moyens de contention, présentent deux avantages : ils sont souples avant la dessiccation du liquide amilacé, ce qui permet de les appliquer très-exactement sur les surfaces les plus irrégulières ; — ils deviennent consistants après leur dessiccation, ils se moulent sur ces mêmes surfaces, et forment ainsi une espèce de coque dure et solide, une véritable attelle ; enfin, pour leur enlèvement, il suffit de les mouiller.

3° L'extirpation dans l'article de la cuisse et du bras, avec ou sans lambeau cutané, suivant l'état des tissus, est une opération très-grave par un procédé opératoire qui ne l'est pas, si, comme l'assure Mayor, la compression des artères sous clavière et fémorale est facile, ainsi que l'abord des têtes du fémur et de l'humérus, par le côté interne et inférieur de leurs articulations ; si encore la laxité des téguments est telle qu'elle permette, malgré la largeur et la forme ronde du moignon, de ramener ses bords sur une ligne droite, pour les réunir par première intention.

C'est la méthode circulaire, d'après le procédé d'Abernethy, simplifiée par Mayor ; — elle est empruntée, n'en déplaise à M. Malgaigne, à ce vil artisan qui taille un jambon en un tour de main.

4° Dans un Mémoire sur les déviations latérales du bassin, le chirurgien de Lausanne pense que la différence de longueur dans les membres inférieurs est plus souvent l'effet d'une déviation *pathologique* du bassin que d'une luxation *spontanée* du fémur ; il établit le diagnostic différentiel de ces deux maladies. — Le pronostic de la déviation est moins grave que celui de la luxation ; son moyen curatif est aussi sûr que facile : *tirez donc sur le plus court*, voilà sa formule.

Une luxation spontanée du fémur ou une coxalgie reconnaît pour cause une inflammation spéciale de l'articulation coxo-fémorale ; — S'il y a raccourcissement de l'extrémité malade ou saine, elle n'est qu'apparente et dépend de l'élévation de l'os iliaque du même côté, laquelle, à son tour, provient de la contraction permanente et spasmodique des muscles sacro-lombaires, qu'on peut *rompre* à l'aide de tractions fortes et suffisamment soutenues sur le membre raccourci, en prenant le point d'appui sur l'autre côté du bassin. — Son appareil n'est qu'une imitation, une simplification de l'attelle de Desault et de Hagedorn. — Suivent quinze observations bien détaillées, bien authentiques, à l'appui de cette nouvelle doctrine orthopédique ; — J'ai vu et j'y crois.

5° L'emploi simultané du coton et du calomélas dans presque toutes les conjonctivites, kératites, blépharites, avec ou sans taies, ulcérations et granulations, était, pour Mayor, ce qu'il appelait un *quasi-spécifique*. — Il insufflait jusqu'à vingt-cinq centigrammes de sel mercuriel dans un œil malade et ensuite le rembourrait de coton en dedans et en dehors.

6° A l'excision et à la ligature, pour extirper les polypes utérins, Mayor préfère et conseille la torsion pure et simple de ces tumeurs. — Il suffit, en effet (j'en ai fait deux fois l'essai et avec succès), de saisir le polype et de le faire tourner sur son axe un certain nombre de fois, pour qu'il se détache bientôt et sans hémorrhagie.

Pour ne rien omettre de tout ce qui peut intéresser les praticiens, dans les *Excentricités* de Mayor, je dois encore mentionner sa manière d'extraire les corps étrangers dans le conduit auditif, à l'aide d'injections forcées.

Au commencement de l'année 1846 et malgré les intempéries de la saison, Mayor voulut encore aller à Paris, et il y séjourna cinq mois environ. — Dans ce dernier voyage, il eut des succès brillants, à Paris et à Orléans, d'après ces procédés, c'est-à-dire, en dépit et presque en opposition avec tout ce qui était enseigné et pratiqué. — Par exemple, il réduisit, en présence de plusieurs confrères et en un clin d'œil, une luxation de l'humérus qui datait de cinq mois, et une autre du fémur, de trois mois de durée seulement! — L'instrument, le procédé et les préceptes, à ce sujet, se trouvent dans la CHIRURGIE SIMPLIFIÉE. — A son retour, il m'écrivit : « J'y ai publié deux brochures que la *Gazette des hôpitaux* a stygmatisées en ces termes : *Rien de bon!* et que la *Gazette médicale* a persifflées avec un peu plus d'esprit et de courtoisie ; je ne vous en dirai pas davantage ; ce qui n'empêche pas que je ne fasse usage à l'hôpital que de *bains sans baignoire*, et que cette innovation est et sera des plus heureuses. »

« Je rentre chez moi avec un plaisir toujours nouveau et, c'est à la lettre, je me *régale* de revenir à mes linges pleins, mes bains, mes imperméables, mes excentricités, après que j'ai eu le dégoûtant ou plaisant spectacle des pansements burlesques de Paris. — Je n'ai pas crains de m'expliquer dans ce sens avec les matadors de la science, aussi ne m'aiment-ils guère, etc. Tout cela ne sert qu'à m'éperonner davantage et à me pousser à sabrer les stationnaires et les sectateurs de l'expérience.... en chirurgie, avec plus de vigueur et de plaisir! » (*Lettre du 14 mai 1846.*)

Et le SABREUR en question, on aura peine à le croire, était un vieillard de 72 ans! — Tudieu! quelle lame pour un tel fourreau!

Il est utile de faire connaître les *bains sans baignoire*, car, si tous les médecins conviennent, d'une part, que les bains froids, tièdes ou chauds sont un des moyens les plus propres à prévenir, soulager ou guérir bon nombre de maladies, il n'est pas moins vrai que leur mode d'administration est incommode, embarrassant, dispendieux, et qu'ils ne sont pas, comme ils mériteraient de l'être, à la portée de tous les malades. — En voyant l'appareil hémospasique de Junod, le docteur Charles Mayor comprit la localisation des bains et la réalisa à l'aide de vases en fer blanc, garnis de manchons en caoutchouc. — Mathias Mayor aperçut tout de suite, de son œil perçant et satisfait, toutes les ressources de cette première et heureuse application de son fils, et il se complut à la simplifier et à la perfectionner, en se contentant de recouvrir un membre ou une partie quelconque du corps avec une éponge ou du coton imbibé d'eau pure ou médicamenteuse, qu'il y fixait ensuite, avec plus ou moins de compression (selon le besoin), à l'aide de mouchoirs ou de triangles en toile imperméable. — Ce bain local sans baignoire peut remplacer très-avantageusement les cataplasmes de notre pharmacopée, sales, lourds et prompts à se dessécher.

Pour l'usage des bains généraux sans baignoire, il suffit d'une robe de chambre, d'un peignoir et encore mieux d'un sac en toile imperméable et à gaîne. — Cette baignoire portative faisait partie du nécessaire de voyage de son inventeur, et il a su se préserver de plusieurs maladies accidentelles, à leur début, en y recourant.

Le dernier congrès scientifique auquel assista Mathias Mayor fut celui de Marseille. — De retour à Lausanne, il m'écrivit pour s'excuser de ce qu'il n'était pas venu me visiter dans mon village, en passant par Lyon : « J'ai pourtant fait une apparition chez Pravaz et à l'Hôtel-Dieu, où j'ai pu donner aux internes une rapide démonstration de ma tachytomie et de ma nouvelle manière de traiter les fractures ; ils en ont été satisfaits, et je le crois sans peine. — Je ne vous en parle que pour vous dire que cette tachytomie va son train à l'hôpital, au grand étonnement des connaisseurs, et que, pour ce qui concerne les fractures, je suis parvenu à les GUÉRIR, mieux et plus rapidement, celles du membre inférieur et les TRÈS-graves surtout, au moyen d'un... bâton et de deux cravates (*sic*). On a eu à l'Hôtel-Dieu un spécimen de ce mode de faire, et si l'on n'y était pas encroûté, comme partout ailleurs, on aurait donné suite à ce procédé expéditif, simple et parfait. » (*Lettre du* 30 *décembre* 1846.)

Il m'apprend, dans cette même lettre, qu'il met la dernière main à un Mémoire à ce sujet, et à un opuscule auquel il attachait également une grande importance (*les bases du traitement des déviations latérales du rachis*); — Puis il ajoute, avec cette bonhomie et cette insouciance d'un philosophe ancien : « Vous voyez, mon cher ami, que ma manie d'écrire ne m'abandonne pas, malgré mes 72 ans et nos bisbilles politiques; âge et petits orages ne m'inquiètent guère, surtout au coin de mon feu. »

Depuis quelque temps, Mayor était atteint d'une gastro-entérite qui exigeait du repos, mais son infatigable activité le rendait impossible; le mal fit de sourds progrès et, dans le courant de janvier 1847, il fut pris d'un ictère que son fils attribua à une affection du foie déjà ancienne. — Quelques jours après, il éprouva une indigestion, suite d'une mauvaise nouvelle qu'il reçut pendant qu'il dînait : — Il venait d'apprendre la mort presque subite d'une jeune nièce qu'il affectionnait particulièrement.

Le 14 février, il fit sa dernière visite à son *cher* hospice; — son fils, qui remplissait à sa place les fonctions de chirurgien, devait opérer, ce jour-là, un paysan du Valais, affecté d'une tumeur adhérente à l'humérus. — L'opération, quoique très-laborieuse, ne causa aucune douleur au malade, sous l'influence de l'éther. — « Je suis heureux de voir cela avant de mourir, » dit avec une visible émotion le père Mayor, accroupi dans son fauteuil; — ce fut le *Nunc dimittis* du vieux serviteur de la science; — il voyait enfin se réaliser le but humanitaire qu'il avait poursuivi dans ses essais de tachytomie.

Les forces physiques s'en allaient ; — Mayor prévit sa fin prochaine et consentit à se soumettre, mais trop tard, à un traitement ; à se *soigner* pour la première et dernière fois. — Et cependant ses facultés intellectuelles avaient conservé toute leur intégrité, je dirais presque toute leur juvénilité, car il lui fut impossible, malgré le délabrement de sa santé, de renoncer à ses travaux de cabinet, à ce besoin de l'inconnu si énergiquement exprimé dans ces vers :

L'infatigable étude, en recherches féconde,
Nourrit incessamment d'un aliment nouveau
Cette faim du savoir, ténia du cerveau.

La comparaison de notre poète Barthélemy est juste : ce ténia avait fini par corroder le cerveau même de Mayor, il s'affaissa et s'engourdit. — Peu de jours avant sa mort, il fut pris d'un assoupissement qui devint de plus en plus profond, comateux. — De temps en temps, il se réveillait, ses facultés reparaissaient intactes, il parlait avec beaucoup de calme de son heure dernière, et ne cessait de prodiguer à sa famille les témoignages d'une affection profonde. — Le 4 mars, il s'assoupit complètement, et à onze heures et demie du soir, il mourut, comme il avait vécu, sans avoir connu la douleur, à l'âge de 72 ans et quelques mois.

Au premier aspect, on pouvait dire de Mayor ce que Lavater dit en voyant le portrait de John Hunter : « Cet homme pense par lui-même. » — Il avait, en effet, la physionomie de son caractère ; sa tête grosse et fortement charpentée, le front large, à courbe bien dessinée, indiquaient le parfait développement d'un encéphale auquel il ne manqua qu'une protubérance, d'après la phrénologie, celle de la *circonspection*.

Et puis, quelle bonne et sympathique figure ! mobile, toujours prête à s'épanouir, très-expressive. — Son nez était gros, charnu, aquilin, un vrai nez de race. — Sa bouche était sensuelle, relevée aux angles ; — quelques rides voltairiennes, dans lesquelles s'était niché autant de malice que de bonhomie. — L'œil petit, mais vif, avec la patte d'oie spirituelle et moqueuse. — Menton rond, un peu relevé, bien nourri ; — le tout était encadré par des favoris, forme *cotelette*, et par des cheveux grisonnants et clair-semés sur le coronal.

Mayor portait la tête haute, un peu inclinée du côté gauche, quand il réfléchissait ; elle était solidement attachée sur un cou presque herculéen.

Sa corpulence était des plus vigoureuses, taillée en plein drap ; — sa taille moyenne, large de buste et commençant à se voûter ; on devinait que la nature l'avait destiné à la lutte et au travail.

Démarche vive, décidée, un peu sautillante. — « Marchez et mâchez, sont les deux secrets pour se bien porter, » disait un médecin à ses clients ; — Mayor disait aux siens, vieux ou jeunes : « Courez tant que vous pourrez, au risque de faire, comme moi, sourire tous les passants. » Il joignait l'exemple au précepte ; tout vieux qu'il était, je l'ai vu descendre les cent marches de son hospice sans reprendre haleine et au pas de nos chasseurs d'Afrique.

Il regardait son homme en face ; — s'animait facilement en causant, et alors sa voix prenait un fausset criard presque désagréable ; — si son interlocuteur lui résistait, oh ! alors son geste devenait imitatif et même dangereux pour les revers d'un habit trop fin ; il vous appréhendait d'une main irrésistible, et, bon gré mal gré, il en arrivait à sa démonstration. — Tantôt il vous coupait un bras, par son procédé tachytomique ; — tantôt il vous déprimait une épaule, en simulant l'action de son tourniquet avec son poing ; — tantôt enfin, il essayait de vous réduire un membre qui n'était pas luxé, en vous le luxant.

Son rire était homérique ; il fallait absolument rire quand il riait. — Dans le huis-clos de l'intimité, il montrait une facilité de mœurs vraiment helvétique, une gaîté goguenarde, une certaine ironie *gausseuse* qu'il savait allier à un grand fond de tolérance et de philosophie à la *Montaigne*. — Affable avec tout le monde, — fort compatissant ; — dévoué de tout son cœur aux personnes qu'il aimait ; — il était difficile de se faire une idée bien fidèle de cette nature foncièrement bonne et cordiale, d'après les écarts de sa plume mal apprise.

Sa manière de vivre fut des plus sobres et des plus régulières. — Le jour, point de repos, la nuit peu de sommeil. — Il déjeûnait à la mode suisse, avec une tasse de café au lait. — Le menu de son dîner se composait ordinairement de viandes bouillies ou rôties et de quelques légumes ; d'un peu de vin blanc *de la Côte*, tempéré d'eau, et pardessus encore du café, mais, comme l'aimait le vieillard de Ferney, noir et peu sucré.

Avec ce régime pythagoricien, son cerveau n'était pas obligé de s'occuper de ce qui se passait plus bas, dans son estomac, et, même en mangeant, il suivait son idée, car ce fut l'homme de son idée; il s'y renfermait et s'y complaisait outre mesure.

En France, Mathias Mayor a passé pour un *bon vivant;* — entendons-nous bien, *bon vivant* et *viveur* ne sont pas synonymes. — Il appréciait la bonne chère sans la rechercher : « L'homme d'esprit qui ne sait pas manger à table est un pauvre homme, » a dit l'illustre Carême. — Je dirai donc que Mayor avait assez d'esprit pour être ce que nous appelons un *gastrosophe,* mais il n'eut pas assez de temps pour le devenir; — c'était un convive guilleret, un mangeur d'une belle tenue, un voisin anacréontique pour les dames, un de ces heureux mortels qu'une bonne digestion rend meilleur;

Tel doute à l'entremet qui croit tout au dessert,

Mayor ne fit des concessions qu'à table; — en mangeant, n'était-il pas, comme tout le monde, l'esclave de la plus séduisante des routines?

Mais, quel revirement d'humeur, une fois rentré dans son cabinet! — le démon de la controverse s'emparait de lui et lui faisait voir des *encroûtés* dans tous les chirurgiens qui n'adoptaient pas son nouveau système, et des *conspirateurs* dans tous les journalistes qui se permettaient d'émonder ses communications trop prolixes; — il s'animait *crescendo,* — il s'escrimait contre les moulins à vent de la butte Montmartre, et, faute de méthode, de logique et de convenance littéraire, il laissait *courir* sa plume, et personne ne pouvait plus l'arrêter, ni son fils, ni ses amis. — Ces moments de paroxysme appartenaient à cette maladie que Sauvage a nommé *diffusio colorans*.

Sa polémique était âpre, agressive et parfois blessante ; — elle ne ménageait ni les grands noms, ni même les réputations légitimement et chèrement acquises. « L'autorité des grands noms m'impose si peu, dit-il quelque part, que je n'hésite jamais (dans les sciences s'entend) d'émettre mon opinion, lors même qu'elle est contraire à celle des hommes les plus illustres. »

Il y avait du Mahomet dans son système de réforme et presque dans son mode de propagande ; — mauvais système ! — aujourd'hui, une plume d'oie vaut mieux que la lame la mieux trempée pour couper dans le vif des préjugés et convertir le monde savant à la religion du progrès ; — mais je me hâte d'ajouter que si le chirurgien suisse a suscité contre lui la haine et la rancune de bien des personnes, il était étranger à ces deux sentiments. — Le docteur Laharpe, son collègue pour la section de médecine, à l'hospice de Lausanne, disait à ce sujet à son fils : « J'ai rompu bien des lances avec votre père ; souvent nous nous sommes disputés, mais jamais nous n'avons été brouillés. »

Oui, il y avait, chez Mathias Mayor, un grand fond de générosité. — « *L'Expérience* contient une polémique curieuse entre Gerdy et moi. C'est lui qui m'a attaqué très-brutalement, mais nous avons fait la paix aux funérailles de Broussais ; dans le temple de l'Éternel ou de celui qui commande l'oubli des injures; — C'est à la lettre, ce sont les paroles que j'ai tenues en abordant mon critique. » (*Lettre du* 7 *septembre* 1839.)

En jetant dans le moule de l'incarnation, le germe de l'intelligence la plus humainement belle, on dirait que Dieu, pour rabattre notre fol orgueil, y laisse plus ou moins de fissures, à travers lesquelles s'échappent et se laissent voir ou les vices du cœur ou les défauts de caractère ou les imperfections de l'esprit. Il n'y a donc pas un *grand* homme, comme on l'a dit, sans son *petit* côté, ou sans une fissure, si vous aimez mieux; — Mathias Mayor avait subi la loi commune. — On voyait clair dans son cœur et ses quelques défauts ne prenaient pas la peine de se cacher derrière ses nombreuses et brillantes qualités. — Ainsi, tous ceux qui ont connu l'auteur des *Excentricités chirurgicales* ou seulement lu son livre, peuvent témoigner de l'opinion favorable qu'il avait de son mérite chirurgical et de l'importance de ses travaux. — Était-ce Vaniloquence ? — Oh non ! je vous l'assure ; un homme de sa valeur, ne sachant pas *s'estimer son prix*, suivant l'expression de Pascal, et manquant d'autorité pour le dire et l'écrire, n'aurait jamais osé s'essayer dans le rôle si périlleux de réformateur. — « Si l'orgueil s'allie à un mérite réel, dit Max Simon, si surtout l'encens, dont il s'enivre, n'a point complètement éteint dans l'âme, l'amour de la vérité ; il peut dans les travaux scientifiques devenir un ressort puissant, soutenir le savant dans ses recherches patientes, et lui donner cette longanimité dont il a besoin pour arriver au but. » — Ajoutons que l'immodestie de Mayor était si franche, qu'elle faisait simplement sourire ; — on admirait, en même temps, tous les trésors de sa riche imagination qu'il gaspillait en véritable *Monte Christo* ; — on éprouvait aussi une irrésistible sympathie pour ce cœur plein de loyauté, d'honneur et de poésie, mais de cette poésie odorante et sauvage, semblable à ces herbes aromatiques qui poussent et fleurissent sur les plus hautes aspérités de la Suisse.

Mais le point le plus en saillie de son caractère d'homme et de savant, ce fut, — sans conteste, — la ténacité de ses tendances vers un seul et même but ; — sa vaillance, en luttant et en se défendant, seul contre tant d'adversaires et cette volonté inébranlable qui sait commencer et poursuivre, combattre et persévérer, — cette volonté qui fonctionne sans paix ni trève, pour faire prévaloir ses idées, son système ; — cette volonté qui exige de l'individu, son instrument, un amour extrême du travail, une activité rare, une patience à toute épreuve et, comme l'a dit un écrivain que je me plais à citer, une sorte de nature exceptionnelle, enfin, tout ce qui manque à la foule. — Cette volonté là, est un signe de prédestination aux grandes choses, elle marque les hommes voués à une célébrité quelconque : *vouloir c'est pouvoir*, disait souvent Mayor.

Il voulut mais il ne put pas, — parce qu'il fut faible dans l'exposition, faible dans la critique, faible dans la controverse et seulement fort dans l'édification ; c'est tout l'inverse de ce qui fait la réputation et le succès du réformateur. — Oh, s'il avait eu la plume et la parole de Broussais ; son style tout-à-la fois correct, énergique, pressant et fascinateur, et dans ses démonstrations, son adroite logique, sa captieuse argumentation, ce *flumen orationis* qui entraînait invinciblement ceux qui venaient l'entendre, — Mathias Mayor aurait pu faire table rase de toutes les friperies qui lui survivent, dans la pratique des pansements; — ses principes seraient connus, écoutés et compris par tous les praticiens sérieux et la Chirurgie, en s'élevant d'après ses principes, au rang de science exacte et positive, arriverait plus vite au perfectionnement de ses procédés, appareils et instruments, agents *mécaniques* de guérison; — avec d'aussi magnifiques résultats, Mathias Mayor, de son vivant, aurait fait école.

Il me reste à le faire connaître, comme opérateur. A l'âge de soixante ans, je l'ai vu opérer; il avait le coup-d'œil du maître, un imperturbable sang froid, la main encore ferme, adroite, et l'*acier rapide*, — il sut tirer, comme Scarpa, d'une expérience bornée, une expérience sans limites.

Les malades se décidaient promptement, c'était l'effet d'une confiance longuement acquise. — Point d'apparat dans les préparatifs et toujours le mot pour distraire et même égayer le malheureux qui était sous son couteau. — Il faisait trop bon marché de l'anatomie même topographique et manquait de cette érudition *à la Velpeau* qui lui aurait permit d'opter, entre plusieurs procédés opératoires déjà éprouvés, pour le meilleur. — Cette insouciance, à l'égard de tout ce qui se faisait, chirurgicalement parlant, hors du canton de Vaud, s'explique; l'ingénieux chirurgien sut s'*enseigner* lui-même et son génie inventif ne lui refusa jamais, presque séance tenante, de quoi remplir les indications les plus imprévues et les plus embarrassantes.

Mais en voulant se suffire, comme Robinson Crusoé dans son île, il en résulta deux inconvénients graves : d'abord, il donna souvent du vieux pour du neuf et cela, de la meilleure foi du monde; je citerai, par exemple, l'*Hyponarthécie* qui est de l'invention d'Hippocrate, puisqu'il traitait les fractures de cuisse, en plaçant le membre dans une gouttière ; — le placement des deux membres sur le même double plan incliné dans le cas de fracture du col du fémur, qui appartient, de plein droit, à Hagerdon et à Klein. — Son cadre clinique ressemble à l'appareil de Leydig, et son fauteuil pourrait lui être revendiqué par les héritiers de Thaden, etc.

En second lieu, il préconisa trop vite ses opinions et la valeur de ses moyens, ce qui l'obligea, plus d'une fois, à les modifier et même à les abandonner tout-à-fait, je ne citerai que sa cure *radicale* des hernies.

Un reproche fait à la grande majorité des praticiens qui ont vieilli, c'est de ne pas supporter que le progrès rajeunisse leur art, en refusant de croire aux nouvelles découvertes, en invoquant leur passé, pour calomnier le présent et se défier de l'avenir : *laudator temporis acti.* — Mayor n'éprouva pas la moindre atteinte de cette infirmité intellectuelle, — véritable goutte de l'esprit qui le condamne à partager le repos des jambes ; — il accueillit avec le même empressement toutes les idées neuves, procédés ou appareils postérieurs à ses analogues qu'il eut l'occasion de connaître; — il s'en empara quelquefois pour les modifier; c'est ainsi qu'il voulut populariser la machine Louvrier, mais le jugement de l'Académie de médecine est encore en cause d'appel.

Ma tâche est finie... tâche pieuse et difficile; — j'ai dû concilier les devoirs du biographe avec ceux de l'amitié; — pour cela, je me suis contenté de mettre en scène, l'homme, dans le monde; — l'écrivain, dans son cabinet; — le praticien, dans son hôpital. — toutes les fois qu'il a fallu risquer une appréciation, je crois l'avoir fait, avec plus de conscience que de compétence; la postérité en décidera.

La vie de Mayor fut trop courte, pour accomplir son œuvre de réforme, et faire accepter ses innovations pour ce qu'elles valent; — « il n'est pas aussi difficile de faire une découverte et de trouver une vérité, disait dernièrement Reveillé-Parise, que de la faire entrer dans les esprits contemporains. »

On a reproché au chirurgien suisse quelques erreurs graves.... j'ai eu le courage de les faire connaître dans cette Notice, parce qu'il m'était donné de les atténuer. — Est-il donc possible, je le demande à ses contempteurs, de s'aventurer dans des voies peu connues, jusqu'alors impraticables pour le vulgaire, sans faire un faux pas? — On peut s'égarer dans un voyage d'exploration, mais aussi que de choses précieuses ne peut-on pas en rapporter! — Comptez plutôt ses découvertes, et avouez, aujourd'hui qu'il ne peut plus s'interposer entre vous et le soleil, qu'il fut un de ces grands esprits qui font époque, — systématique comme Boerhaave et comme Barthez, — hardi comme Broussais, — naïf et fécond comme Ambroise Paré, avec lequel, du reste, il avait plusieurs rapports de caractère; — s'il fut peu propre aux travaux de détail, trop dédaigneux des *faits*, il a plané, avec son regard d'aigle, pardessus la science et il a dit : je la simplifierai ; — il a fait ce qu'il a dit.

Qui voudra le croire, dans un demi-siècle ? — La SIMPLICITÉ a été le prétexte le plus sot de repousser son nouveau système ; on a été jusqu'à prétexter « que ces agents déligatoires étaient bons, tout au plus pour des chirurgiens de campagne ! » — A ce propos arrogant, le grand chirurgien s'écria : « L'humanité, la science et l'art ont-ils gagné à ces manœuvres de la petite vanité et de la grosse sottise ? c'est ce qui sera décidé plus tard et *quand je ne serai plus* (1). »

L'ART EST LONG et les rivalités s'éteignent ; — au milieu d'une génération qui n'a pas connu l'homme, son génie reste et brille..... En attendant, la ville de Lausanne, patrie de Mayor, acquittera une dette sacrée, une dette à courte échéance, celle de la reconnaissance publique ; — elle fera reproduire les traits vénérés du praticien éminent et philanthrope, qui a guéri tant d'infirmités et séché tant de larmes, dans l'enceinte ignorée d'un hospice, pendant quarante-deux ans.....

Ce jour-là, ô mon illustre ami, je m'acheminerai encore une fois, seul avec ton souvenir, du côté de Lausanne, et avec mon bâton de pélerin, j'écrirai sur le socle de ton monument, ces lignes prophétiques du professeur Scoutetten : « on se persuade, avec peine, que les choses simples puissent être utiles. — Malgré tous les obstacles, la vérité finit par se faire jour, quand on se

(1) *Manuel du baigneur sans baignoire*, p. 59.

décide à braver les préjugés et à supporter les inconvénients et quelquefois les dangers d'une position nouvelle. »

Mathias Mayor eut quatre enfants de sa première femme, Susanne Morel. — Les deux premiers moururent en bas âge; mais en 1833, il eut la douleur de perdre sa fille, jeune femme qui réunissait les plus précieuses qualités du cœur et de l'esprit et pour laquelle il avait toujours éprouvé la plus tendre affection ; — son mari, M. Felix Marcel, banquier à Lausanne, est un homme considéré et haut placé dans la confiance de ses concitoyens, à en juger par l'importance et le nombre des fonctions publiques dont il a été successivement investi.

L'unique héritier d'un nom désormais historique, est le docteur Charles Mayor, — praticien de mérite, — esprit grave et cultivé, — attaché à la science sans se passionner pour elle, comme son père, et qui s'est déjà fait connaître, dans le monde médical, par plusieurs intéressantes publications (1). M. le docteur Charles Mayor exerce très-honorablement la médecine à Lau-

(1) *Mémoire sur un Appareil de transnatation et de sauvetage.* Lausanne, 1844.

De la localisation des bains et de l'application du froid et de la chaleur sur les diverses parties du corps humain. — Lausanne et Paris, 1844.

Essai sur un procédé pour la distribution de l'eau potable. — Lausanne, 1846.

Quelques mots sur un procédé pour l'administration de l'éther dans les opérations chirurgicales. — Lausanne, 1847.

sanne : — la famille des Asclépiades a des rejetons en Suisse.

Le professeur Agassiz est le neveu de Mathias Mayor ; — ce jeune et déjà célèbre naturaliste s'est posé, dès l'abord, comme l'émule plutôt que comme le continuateur de Cuvier, dans l'étude des fossiles.

Mathias Mayor appartenait à un grand nombre de Sociétés savantes ou d'utilité publique ; — il était membre titulaire de la Société d'émulation du canton de Vaud (1804), de la Société helvétique des sciences naturelles (1818), de la Société helvétique d'utilité publique (1827), de la Société des sciences physiques, chimiques et arts agricoles et industriels de France (1835) , de la Société de Médecine et de Chirurgie du canton de Berne (1835).

Membre honoraire de la Société Médico-chirurgicale de Bruges (1839), de la Société Médicale de Prusse (1828), de l'Académie Royale de Médecine de Belgique (1843).

Membre correspondant de la Société des sciences médicales et naturelles de Bruxelles (1836), de la Société Royale de Médecine de Marseille (1836), de la Société des sciences naturelles de Moldavie (1839), de la Société de Médecine de Hambourg (1841), de l'Académie royale des sciences, arts et belles-lettres de Besançon (1841), de l'Institut des provinces de France (1841), de la Société d'histoire de la Suisse Romande (1842), de la Société médicale de Leypsich (1842), de la Société des sciences, agriculture et arts du département du Bas-Rhin (1843), de la Société médicale d'émulation de Barcelonne (1843), de la Société de Médecine d'Anvers (1845), de l'Académie Royale de Médecine de Paris (1845).

Professeur honoraire à l'Académie de Lausanne (1841).

Il avait fondé, en 1830, la Société Vaudoise des sciences médicales.

Voici la liste, par ordre chronologique, des publications de Mathias Mayor.

1. *Essai sur la ligature*, Lausanne 1822, in-8°. — Cette petite brochure n'a pas été mise en vente ; le professeur Usteri en rendit compte dans la *Gazette de Zurich*. — Rare.
2. *Essai sur les ligatures en masse*. Paris, 1826, in-8°.
3. *Instruction sur l'art des accouchements, à l'usage des sages-femmes du canton de Vaud*. Lausanne, 1828, in-8°, avec figures.
4. *Fragments de chirurgie populaire*. Lausanne, 1831, broch., in-8°. — Cette édition fut vendue au profit de la Société des incurables du canton de Vaud.
5. *Nouveau système de déligation chirurgicale* ou exposé des moyens simples et faciles de remplacer avec avantage les bandes et la charpie ; de traiter les fractures sans attelles et sans obliger les blessés de garder le lit ; de redresser les gibbosités sans lits mécaniques ; de soulever les malades sans douleurs ni embarras ; de mettre le traitement d'un grand nombre d'affections chirurgicales graves à la portée des masses, en l'absence des hommes de l'art, et de populariser la chirurgie dans les armées. — Avec un grand nombre de figures. Lausanne, 1832, in-8.
6. *Sur le coton et la charpie*. Lausanne, 1834, broch. in-8.

7. *Propositions sur l'amélioration de l'espèce chevaline.* Lausanne, 1834, broch., in-8.

8. *Sur le traitement des fractures de la clavicule.* Paris, 1835, broch., in-8. — Mémoire inséré dans la *Gazette médicale* et revu par l'auteur.

9. *De la conduite à tenir dans les cas de fractures douteuses du col du fémur.* Paris, 1835, broch., in-8 fig. — Mémoire inséré dans la *Gazette médicale* et revu par l'auteur.

10. *Remarques sur l'ablation de la langue par la ligature.* Paris, 1835, broch., in-8. — Extrait de la *Gazette médicale de Paris.*

11. *Sur le cathétérisme simple et forcé et sur le traitement des rétrécissements de l'urètre et des fistules urinaires.* Paris, 1835, in-8, fig.

12. *Sur le dessin linéaire en relief, et l'usage en chirurgie, du fil de fer et du coton.* Paris, 1836, in-8, fig.

13. *Notice sur le dessin avec le fil métallique.* Lausanne, 1836, broch., in-8. — Extrait de l'ouvrage précédent, mis à la portée des personnes qui sont étrangères à l'art de guérir.

14. *Sur le cathétérisme en réponse à une lettre dite chirurgicale de M. Vidal (de Cassis).* Saint-Germain-en-Laye, 1836, in-8.

15. *Sur le cathétérisme simple et forcé et sur le traitement des rétrécissements de l'urètre et des fistules urinaires.* Seconde édition, augmentée d'un grand

nombre de notes et de développements nouveaux. Lausanne, 1836, in-8.

16. *De la cure radicale des hernies.* Lausanne, 1836, broch., in-8.

17. *Mémoire sur le traitement des luxations spontanées et des inclinaisons latérales du bassin.* Paris, 1836, broch., in-8. — Extrait de la *Gazette médicale.*

18. *Nouveau système de déligation chirurgicale.* Seconde édition, entièrement revue et considérablement augmentée. Lausanne, 1837, 2 vol. in-8, fig.

19. *Sur l'hippophagie en Suisse, ou sur l'usage, comme aliment, de la chair de l'espèce chevaline*; mémoire adressé aux Sociétés helvétiques d'utilité publique. Lausanne, 1828, broch. in-8.

20. *Essai sur l'anthropo-taxidermie, ou sur l'application à l'espèce humaine des principes de l'empaillage.* Paris, 1838, in-8.

21. *Essai sur la thérapeutique générale des fractures.* Paris, 1839, broch., in-8. Extrait de la *Gazette des Hôpitaux.*

22. *Coup-d'œil sur les moyens les plus rationnels de réduire les luxations de l'humérus et du fémur.* Lausanne, 1840, broch., in-4, fig.

23. *Traitement accéléré des ankiloses et recueil de visions chirurgicales choisies, précédés de remarques sur le Congrès scientifique de Lyon.* Paris, 1841, in-8, fig.

24. *La chirurgie populaire* ou l'art de porter de prompts

secours, et d'appliquer des moyens simples de pansement, dans les accidents graves, et en attendant l'arrivée d'un chirurgien. Paris, 1841, in-8.

25. *Des caractères différentiels de la Médecine et de la Chirurgie*. Paris, 1841, broch. in-8.

26. *La Chirurgie simplifiée* ou mémoires pour servir à la réforme et au perfectionnement de la médecine opératoire. Paris, 1841, 2 gros vol. in-8, avec un grand nombre de figures.

27. *Tachytomie chirurgicale*. Lausanne, 1843, broch., in-8. — Extrait de la *Revue suisse*.

28. *Nouveau point de suture pour l'opération du bec-de-lièvre*. Paris, 1843, broch. in-8. — Extrait de la *Gazette médicale*.

29. *L'expérience, la Chirurgie pure et la tachytomie*. Paris, 1843, in-8, avec une planche.

30. *La Médecine et la Chirurgie populaire. en rapport avec l'état actuel de ces sciences et de la civilisation*. Lausanne, 1845, in-12.

31. *Excentricités Chirurgicales*, ou nouveaux mémoires pour servir à la réforme et au perfectionnement de la Médecine opératoire. Lausanne, 1844, 1 vol. in-8.

32. *Les bains sans baignoire et ramenés à leur belle simplicité*. Paris, 1846, broch., in-8.

33. *Manuel du baigneur sans baignoire*, ou moyen simple, économique et facile de traiter un grand nombre de maladies ; d'après les principes du profes-

seur Mathias Mayor, publié et édité par quelques amis des pauvres et des malades. Paris, 1846, in 32, avec une planche.

En outre, Mathias Mayor a fait paraître un grand nombre d'articles scientifiques et autres, dans la *Gazette Médicale de Paris*, la *Gazette des Hôpitaux*, *l'Expérience*, la *Revue des spécialités médicales et chirurgicales*, l'*Abeille médicale*, la *Gazette suisse de Médecine, Chirurgie et d'accouchement*, le *Courrier Suisse*, le *Bulletin de la Société Vaudoise des sciences médicales*, la *Gazetta medica de Milan*, la *Gazette Allemande de Berne*, le *Fédéral de Genève*, le *Nouvelliste Vaudois*, etc., etc.

NOTE SUPPLÉMENTAIRE.

Mathias Mayor naquit à Cudrefin, et je dois ajouter, conformément aux vieilles institutions communales qui sont encore en vigueur dans quelques cantons de la Suisse, que son lieu d'origine ou de bourgeoisie était Grancour, commune rurale du district de Payerne. — Ainsi chaque citoyen, dans ce pays, est bourgeois d'une commune quelconque, mais il doit l'habiter, s'il veut participer aux *bénéfices communaux*, c'est-à-dire à la répartition de l'excédant du revenu sur les dépenses, à l'usage gratuit des forêts et pâturages.

En France, l'institution est plus libérale ; — on ne tient plus à ce titre de bourgeois, et, sans être obligé d'habiter une commune, il suffit d'y posséder une propriété, pour avoir un droit proportionnel à ces *bénéfices communaux*.

FIN.

www.ingramcontent.com/pod-product-compliance
Ingram Content Group UK Ltd.
Pitfield, Milton Keynes, MK11 3LW, UK
UKHW020244220726
13923UKWH00002B/821

9 782019 300449